Paul C. Pet

DÄNEMARK SCHWEDEN NORWEGEN

MIT DER BAHN DURCH SKANDINAVIEN

MIT TEXTEN VON:
Vagn Steen
Carl-Göran Ekerwald
Gunvald Opstad
René Ellenberger

Orell Füssli

Lektorat: Dr. Ernst Halter

Übersetzungen:
Gerda Neumann (V. Steen, G. Opstad)
Hans Peter Treichler (C.-G. Ekerwald, Legenden)
Grafik: Heinz von Arx, Zürich
Satz: Jung Satz Centrum, Lahnau
Lithos: Singer AG, Zürich
Druck und Einband: South China Printing Co.
Printed in Hongkong
ISBN 3 280 01635 5

Inhaltsverzeichnis

DÄNEMARK IST DÄNEMARK

Vagn Steen

Dänemark ist sehr lange Dänemark gewesen. Der Name des Volkes wurde zuerst von Fremden erwähnt, nämlich von dem Goten Jordanes ungefähr um 550. Er schreibt *dani.*

Und dann wurden Runen um 980 in einen Stein geritzt, der stolz davon berichtet, daß König Harald ganz Dänemark gewonnen und sogar die Dänen christianisiert habe.

Wir kennen die Größe von König Haralds Reich nicht. Aber sein Sohn endet als König von England.

Wir wissen etwas von seiner Macht. Da sind aufgeführt – und teilweise rekonstruiert – riesige Erdwerke, die seine Macht befestigen sollten. Und vor allem sollten sie die Grenze im Süden sichern; das hatten schon seine Vorgänger so gehalten, das sollten auch seine Nachfolger in den nächsten tausend Jahren tun.

Dänemark ist seither sehr lange Dänemark, verletzlich im Süden, aber ein vereinigtes Reich. Stark und schwach, während kürzerer Perioden besetzt, aber wieder befreit: 1340, 1660, 1945.

Nun liegt die Grenze fest, wie viele Politiker gesagt haben. Aber es gab Jahrhunderte, in denen das Land größer war. Große Teile von England unterstanden dem dänischen König – bis 1042.

Estland bis 1360. Schonen, das jetzt schwedisch ist, bis 1660. Gotland bis 1644. Norwegen bis 1814. Holstein und ganz Schleswig bis 1864. Island bis 1918 (hat mit Dänemark König und Außenpolitik bis 1944 gemeinsam).

Eine Reihe von Kolonien in Indien, Afrika und Westindien sind in verschiedenen Epochen veräußert worden, die letzte wurde 1917 an die USA verkauft – sie lag zu nahe am Panamakanal.

Die Faerøer erhielten 1949 ihre eigene Regierung, Grönland bekam die seinige 1979. Aber beide gehören noch zur dänischen Staatengemeinschaft.

Ein paar kurze Jahre war das Land kleiner als heute. 56 Jahre lebten viele Dänen unter einer harten preußischen, später deutschen Herrschaft (von 1864 bis 1920).

Nun liegt die Grenze fest. Es gibt eine kleine dänische Minorität südlich der Grenze und eine kleine deutsche nördlich davon. Und beide sind durch gründliche Absprachen zwischen den Nationen geschützt.

Die Grenze – das bedeutet für die Dänen immer die Grenze zum Süden. Sie wurde gegen das Römerreich verteidigt, das Dänemark nie bezwang. Später kam Druck vom Römischen Reich Deutscher Nation und von Bismarcks Deutschland. Aber die Grenze wurde behauptet – und in tausend Jahren knapp zweihundert Kilometer verlegt, entsprechend der Tatsache, daß die Bevölkerung in diesem Gebiet deutsch geworden war.

Der Runenstein von etwa 980 wurde als «die Geburtsurkunde des Landes» und als dessen «Taufschein» bezeichnet. Das Land erhielt seinen Namen – und das Christentum.

Danmark bedeutet «Grenzland der Dänen». Vereinigt von einem Wikingerkönig, dessen Sohn England eroberte und dessen Sohnessohn als einer der allerbesten Könige Englands betrachtet wird, Knut der Große.

In einer Geschichtsepoche hatten die Wikinger die schnellsten und behendesten Kriegsschiffe und eine gute Disziplin – und sie waren tüchtige Kaufleute. Sie konnten Reiche aufbauen: in der Normandie, auf Sizilien, in Irland, in England, in Rußland. Und Dänemark lag zentral in diesen Aktivitäten, die in engem Zusammenwirken mit norwegischen und schwedischen Wikingern vor sich gingen.

Man hat den Gedenkstein vom Grabe des starken Königs gefunden, und erst kürzlich hat man auch die Reste der Leichen seiner Eltern entdeckt. Und seine Nachkommen sitzen heute noch auf Dänemarks Thron, die Linie von Gorm dem Alten bis hin zu Margrethe II. ist nicht unterbrochen. Und selbst wenn einer der Könige einen anderen natürlichen Vater gehabt hat als den offiziellen (einen französischen Musiker, den die Königin liebte), so unterbrach das die Reihe nicht, denn gerade dieser König bekam keine Erben – und man konnte sich wieder an das solide Geschlecht halten. Dänemark ist sehr lange Dänemark gewesen.

Aber wieviel Dänemark ist Dänemark denn heute? Als Mitglied der EG gibt das Land ständig größere Bereiche seiner Kompetenzen ab, zur Freude von einigen und zum tiefen Gram von anderen. Hier sind die Meinungen geteilt – und Dänemark hat die stärkste Volksbewegung gegen die Mitgliedschaft in der EG, die es in einem der Länder gibt.

Ich persönlich finde, daß die dänische Integrität täglich durch Direktiven der EG beschnitten wird, ebenso durch die Beschlüsse der NATO. Und die dänische Ausdauer im Verfassen von Vorbehalten kann auf lange Zeit nicht durchgehalten werden – die anderen Länder nennen Dänemark bereits einen «Fußnoten-Staat». Wir verstricken uns in Ketten.

Aber im Augenblick wächst, im großen und ganzen gesehen, das Land mehr und mehr mit anderen europäischen Ländern zusammen – auf allen Gebieten, die durch Gesetzgebung und Beschlüsse zu lenken sind. Das heißt mit einem hübschen Wort «Harmonisierung». Das betrifft alles vom Arbeitsmarkt und von der Sozialgesetzgebung bis zu jeder einzelnen Ware, die in den Läden steht und bis zu den Sicherheitsvorschriften. Den dänischen Verbrauchern werden von Mal zu Mal schlechtere Qualitäten aufgezwungen, um die «freie Konkurrenz» in der kapitalistischen EG nicht zu verhindern. Ja, es kommt sogar vor, daß die Kommission des Gemeinsamen Marktes nicht über jeden Verdacht erhabene bestellte Expertisen als Grundlage für Beschlüsse vorlegt, sogar dann, wenn der Betrug nachgewiesen werden kann. Von einer politischen Moral auf einem niedrigeren Niveau als dem hier in Dänemark gewohnten gar nicht erst zu reden. Wieviel Dänemark ist Dänemark heute (noch)?

Dänemark ist das Land der Niederlagen. Sowohl für Menschen wie für Nationen gilt, daß Niederlagen einen besonders starken Zusammenhalt zur Folge haben.

Die Geschichte der dänischen Identität ist eine Erzählung von Niederlagen – das hatte gute Nachwirkungen.

In den Jahren nach 1629 war Dänemark der ewige Verlierer. König Christian IV. griff unselig in den 30jährigen Krieg ein und verlor gewaltig, aber blieb ein beliebter Volkskönig nach seinem Abstieg. Und sein Sohn konnte trotz allem 1660 Kopenhagen verteidigen – mußte aber 40% des Landes an Schweden abtreten.

Die Niederlage wuchs sich aus zu einer Sammelbewegung um den König – und gegen den Adel. Der Absolutismus hielt Einzug. Der König wurde zum Zentrum der Sammelbewegung, zum Kristallisationspunkt eines Nationalbewußtseins, wie es vor der Französischen Revolution möglich war.

1801 erlitt das Land eine demütigende Niederlage durch die englische Flotte. Doch uns wurde die schönste Dichtung geschenkt, die man sich vorstellen kann – und ein verletzliches, aber starkes Nationalgefühl.

1807 und 1814 wurde das Land noch tiefer gedemütigt. In den Napoleonischen Kriegen war es nicht gut, auf der falschen Seite zu stehen. Aber das Ansehen des Königs stieg.

Und der Zusammenhalt im Lande ebenfalls. Eine wachsende Zahl von vaterländischen Gedichten entstand. Darunter gab es natürlich viel schlechte, fast jeder Offizier der Armee wollte eine Gedichtsammlung herausgeben.

Der unhaltbare Sieg im Jahre 1851 – über die Schleswig-Holsteiner, die allein standen, weil das Deutsche Reich damals noch nicht geeint war – rief einen Sturm nationaler Begeisterung hervor. Der König, der dem Lande eine freie Verfassung gegeben hatte – versprochen 1848, festgeschrieben 1849 –, hatte auch einen Krieg gewonnen.

Als er starb, löste sein Tod notwendigerweise einen neuen Krieg aus, den Dänemark verlieren mußte. Denn der Gegner war ein anderer: der ganze Deutsche Bund, geführt von Österreich und von Preußen, mit moderneren Waffen, größerer Schlagkraft, weit größeren Ressourcen, und an der Spitze Bismarcks politischem Willen, der den Krieg als einen Schritt hin zum deutschen Kaiserreich führte, das ein paar Jahre später verwirklicht wurde. Nun war Dänemark ein Stein im europäischen Spiel und mußte die Kosten bezahlen. Im übrigen sollte Kiel als Kriegshafen dienen – das allein war schon fast Grund genug für einen Krieg.

Die Niederlage von 1864 hatte den Zusammenschluß zur Folge, der das neue Dänemark schuf. Es wuchs ein in diesem Maß unerwarteter Konsens zwischen unterschiedlichen Bevölkerungsgruppen und Berufsgattungen. Die relative Volkstümlichkeit und geringe Distanz der Kirche zur Gemeinde – was etwas Besonderes innerhalb der reformierten Kirchen ist – stammt aus dieser Zeit. Und das gilt auch für den relativ großen Einfluß, den die Landwirte auf die Vermarktung ihrer Produkte erhielten – dank kooperativer Zusammenschlüsse: Genossenschaftsmolkereien, Genossenschaftsschlachthäuser, Export- und Importgenossenschaften, Landwirtschaftskooperativen. Und sie konnten auch in kulturellen Belangen entscheiden, auf dem Lande wurden Versammlungshäuser und in den Städten Hochschulen gebaut. Auf dem dänischen Lande werden für Vorträge und Lesungen größere Mittel lockergemacht, als in irgendeinem mir bekannten Land: es ist eine mehr als hundert Jahre alte Tradition, daß dänische Dichter im Lande herumreisen und ihrem Publikum begegnen. Es gab gemeinsam Erlebtes, das formuliert werden wollte.

Von der Bevölkerung her gesehen war die Zeit nach 1864 eine goldene Zeit. Die nazistische Besetzung 1940–45 war eine Demütigung, die ebenfalls zusammenschweißte. Und man verfügte ja über die Voraussetzungen für große und breite Kulturarbeit. Man traf sich zu Lagebesprechungen und zur Organisation des Widerstands, der möglich war. Das hatte zur Folge, daß die dänische Nazipartei ungeheuer wenig Mitglieder bekam. Vom Volk her gesehen war das wieder eine goldene Zeit.

Am 2. Oktober 1972 empfand die Majorität der schaffenden Künstler Dänemarks Beitritt zur EG als Niederlage. Und das führte dazu, daß das besondere Glück, dänisch zu sein, sich in modernen Protestliedern Luft machte, in Pop und Rock, in großen Musikwerken, in Bildung, in Büchern. Es ist eine eigene, verwundbare, verzweifelte Dänischheit.

Falls jemand lesen, sehen und hören möchte, welches der beste Ausdruck für das Dänische, für die dänische Identität ist, dann findet er das immer im Kielwasser von großen Niederlagen. Diese haben eine besondere Wärme, Empfindsamkeit, ja Verletzlichkeit wachsen lassen, eine durchaus andere Prägung, als sie Großmächte und Sieger entwickeln. Das alles hat zu einer besonderen Breite im Menschlichen geführt.

Man kann sagen, daß sich die Dänen mit Ländern tief verbunden fühlen, die als Nachbarn einer Großmacht mehrere Niederlagen erlebt haben. Wir verspüren Solidarität mit Polen, Finnen, Tschechoslowaken, Iren und mit vielen anderen. Es sind Menschen, die wir verstehen und die uns verstehen.

Dänemark ist ein Land, das seine Niederlagen fruchtbar machen kann – so wie es auch manche Menschen können. Auf diese Weise können Unglück und Niederlage die schönsten menschlichen Eigenschaften wecken. Dänemark ist das Land der Niederlagen.

Dänemark ist das Land der freien Schulen. Man kann viel über die dänische Volkshochschule sagen. Sie wurde aus Menschlichkeit geboren, 1844 durch Grundtvig begründet. Bis 1864 entstanden 25, danach – nach der großen militärischen Niederlage – haben sie sich stark ausgebreitet.

Viele haben von den Volkshochschulen gehört. Und was haben sie gehört? Worte, die als Behauptungen empfunden werden, wie es oft mit Erlebnissen geht, die man nicht selbst gehabt hat. Die Volkshochschule ist zuerst und vor allem ein Rahmen um einige zwischenmenschliche Vorgänge; sie ist nicht auf bestimmte Produkte – in Form von Examen, Spezialwissen oder besonderer Kompetenz – ausgerichtet. Sie hat sich von allen äußeren, vereinfachenden Ansprüchen freigehalten.

Für mich ist das Entscheidende, daß die Volkshochschulen eine menschliche Einstellung ausdrücken, die es möglich macht, nuanciert über Gefühle zu sprechen.

In vielen Kulturen erwartet man, daß junge Menschen ihren Gefühlen in klaren Worten Ausdruck geben können. Das ist Tradition besonders in Frankreich, aber auch in Dänemarks Nachbarland Schweden.

Aber junge Menschen sind unruhig, suchend, unabgeklärt, sie befinden sich in einem Zustand, den Grundtvig «Gärung» nannte.

Sie sollen nicht danach bewertet werden, was sie in klaren Worten hervorbringen, sondern nach den in der Tiefe wirkenden, vielleicht unklaren Prozessen. Heutzutage werden sie vielleicht am leichtesten von Musik gefangen genommen, die das streift, was nur geahnt wird. Etwas widerfährt einem, und ein Zwang zu dessen verstandesmäßiger Klärung würde hemmen und manche Entwicklungsstufen ausdörren.

Diese Anschauung hat in Dänemark zu Schulen und zur Erwachsenenbildung ohne jedes Examen geführt. Da ist Erlebnis und Zusammenhalt. Da gibt es ein Gefühl für langsames Wachsen und späte Früchte. Die Jungen sollen nicht zu früh von der Sonne des Verstandes verbrannt werden und nicht zu früh auf felsigem Boden verblühen.

Da ist ein Verständnis, das sich vom Intellekt glücklicherweise nicht hat herabwürdigen lassen – aber diesem doch eine begrenzte Rolle im weiteren Zusammenspiel zugewiesen hat. Es gründet sich auf das Einleben in Mythen und Geschichte, Seite an Seite mit Physik und Natur. Die träumenden Kinder erhalten Möglichkeiten, Phantasie und Kreativität aufblühen zu lassen. Das handelnde Kind wird seiner selbst sicher in seiner eigenen Sprache – denn dort sind geduldige und gute Zuhörer gewesen. Und sicher seiner selbst in seinem eigenen Körper – der getanzt und Sport ohne Konkurrenzdruck und -ideologie getrieben hat. So kann man sich in Ruhe der Verstandesklarheit nähern, die das Leben abrundet.

In Dänemark ist dieses breite Verständnis – das wohl in allen Ländern bei kleineren Gruppen zu finden ist und das viele Leser an Rudolf-Steiner-Schulen erinnern mag – solide in der Gesellschaft verankert. Diese bietet eine offene Alternative zur modernen Gesellschaft – zwar oft nur für einen, den ersten Lebensabschnitt, aber der kann fürs ganze Leben entscheidend werden. Dänemark ist das Land der Freien Schulen.

Dänemark ist das Land der Förden. Die große Halbinsel Jütland besitzt zahlreiche Förden, die das Wasser nach Osten leiten. Und die Inseln Seeland, Fünen und Møn haben Buchten und Förden.

Ganz ohne Förden ist nur Bornholm, das geologisch aus anderem Material besteht.

Die ostjütischen Förden sind unter dem Eis entstanden. Große subglaziale Ströme – das kalte Schmelzwasser unter dem Eis – gruben, westwärts fließend, im Untergrund tiefe Furchen, in denen nach der Schmelze weiterhin Wasser floß, doch nun teilweise in der anderen Richtung, fort von dem Höhenzug, der entstanden war, ehe das Eis sich zurückzog: nach Westen über die sandige Ebene, oder nach Osten durch Systeme von Seen, Talungen und Förden.

Was ist eine Förde? Eine Bucht – auch Wiek genannt –, die länger ist als breit, also keine Bucht. Ihre Ufer müssen in Sichtweite voneinander verlaufen.

Die Förde ist eine Einladung zu dem Spiel, das immer ein Erlebnis zeitigt: das Hier und das Dort.

Stehen wir auf dem einen Ufer und stellen fest, wo wir sind, dann haben wir ein wohl definiertes Hier. Und gegenüber verläuft eine Küstenlinie, oft als freundlich empfunden, wo ein wohldefiniertes Dort entsteht.

Und der Mittelgrund ist lebendes Wasser, gewöhnlich befahren von großen und kleinen Booten, besonders von Ausflüglerschiffen und Öltankern. Die Förde ist ein Ort zum Überblicken, zur Besinnung. Und die Förden sind verschieden.

Der Limfjord war ursprünglich ein Sund mit Ablauf auf beiden Seiten. Deswegen versammelten sich dort die dänischen Wikinger, um Gold und Land in England zu erobern. Viele Jahre war er dann geschlossen, nun ist er offen. Schmale Rinnen wechseln mit breiten Flächen, wo Inseln und Halbinseln abwechselnde Distanzen zwischen den Ufern schaffen.

Der lange Mariager Fjord ist fast zu privat, denn er ist so schmal. Und der Randers-Fjord ist noch schmaler, die Verlängerung eines Flusses.

Der Kolindsund, der durch Djursland verläuft, ist jetzt vor allem ein Abwasserkanal, doch war er früher ein fruchtbarer Sund, dann eine Förde. Nun ist sie entwässert, der Fluß kanalisiert.

Århus hat eine Bucht, doch dahinter befindet sich eine ehemalige Förde, die zu einem See wurde.

Bei Horsens wächst sich eine Förde aus, breit und nicht lang, aber mit zwei schönen Inseln in der Mündung.

Viele preisen aufs höchste den Vejle-Fjord. Diese Förde ist lang und geräumig, sie hat auf beiden Seiten hohe Steilufer, im Süden verläuft sie jedoch durch Dünen. Die Maler des 18. Jahrhunderts liebten sie und trafen sich hier zu Ausflügen und Zusammenkünften, dort brannten die Feuer der Aalfänger. Nun hat sie – zum Guten wie zum Schlechten – eine Brücke bekommen.

Kolding, die Stadt, hat ihren Namen von der Förde erhalten, der Kalten (kold). Auch sie hat eine schöne, lange Form.

Und dann kommen die südjütischen Förden von Haderslev und Åbenrå. Die Grenze bildet die Flensburger Förde, und früher war auch die schöne Förde von Schleswig dänisch. Die Nordseite der Insel Fünen ist von Förden zersplittert.

Und Seeland zerteilt der sich gabelnde Isefjord, den ich am besten kenne. In heidnischen Zeiten gab es Kultstätten an seinen Ufern, bei Lejre und Roskilde, wo die großen dänischen Könige begraben liegen.

Von dieser Förde stammt die hübsche Sage vom König Skjold (Schild). Als man sich nicht darüber einigen konnte, wen man zum König wählen sollte, kam ein Schiff herangesegelt. Alle an Bord schliefen. Ein vornehmer junger Mann lag dort auch schlafend. Er war so schön, daß alle sofort spürten: dies war der neue König. Und als er ohne weitere Anstrengung aufwachte, war er Dänemarks König geworden, einer der vielen dokumentarisch nicht nachweisbaren Sagenkönige, von denen Abenteuerliches berichtet wird. Er wurde auf einen Schild gehoben und gekürt und erhielt den Namen Skjold und wurde Stammvater des mächtigsten prähistorischen Königsgeschlechts. Er wurde gleichsam aus der Förde geboren – und das paßt gut zu Dänemark.

Aber die Förde ist auch ein Weg der Verunreinigung. Dort leben Menschen, sei es an ihrem Haupt in einer mittelalterlichen Stadt, sei es an ihren Ufern, in Dörfern, die Landwirtschaft betreiben. Von dort fließen stickstoff- und phosphathaltige Abwässer hinaus ins Wasser, und das Klare wird grün und überwuchert.

Früher war Dänemark eigentlich in einer günstigen Lage, denn die große Durchflutung seiner Küsten mit Wasser von der Ostsee zur Nordsee (die wir Westmeer nennen) hat uns lange Zeit geholfen. Aber nun hat das ein Ende. Nun gibt es den Förden entlang zu viele Haushaltungen und zu intensive Landwirtschaft. Und dann ist da auch noch zu viel Industrie, die mit Schwermetallen arbeitet und Umweltschutz klein schreibt. Die großen Verschmutzer sind zwar draußen auf den Landzungen plaziert, wo die Entsorgung ins Meer erfolgt.

Nun, es sind Gesetze erlassen worden, die weitere Verschmutzung verhindern sollen, die letzten soeben erst, 1987. Alle wissen, daß uns das teuer zu stehen kommt, denn die Anzahl der dänischen Bauernhöfe wird durch sie reduziert, und sie führen ferner dazu, daß die dänische Industrie gewisse Produktionsbetriebe ins Ausland verlagern wird. Das schwächt die dänische Valuta. Aber nichtsdestotrotz ist die Mehrzahl der Politiker für große Eingriffe. Dänemark ist noch das Land der Umweltverschmutzung.

Aber Dänemark ist frei von Atomkraft – sollte es sein . Im großen und ganzen ist man sich in Dänemark darüber einig, daß das Land keine zivile Nutzung der Atomkraft haben soll – und es gibt auch kein einziges Atomkraftwerk im Land. Aber was hilft's? Das schwedische Barsebäkk ist nur 30 km von Kopenhagen entfernt, und in der Bundesrepublik, in der DDR und Polen, in der UdSSR, in Finnland, Schweden und England gibt es Kernkraftwerke. Das Land ist von Gefahren umgeben. Wir sind so glücklich gewesen, daß die Wolken von Tschernobyl weiter östlich dahinzogen und unglaublich weit nach Norden abgetrieben wurden. Aber neue Bedrohungen sind bereits unterwegs.

Dänemark wünscht auch keine militärische Atomkraft. Es lagern, soweit ich informiert bin (vielleicht falsch), keine Atombomben auf dänischem Boden. Aber wir wissen, daß es in Nordwestgrönland auf der Militärbasis Thule ein ernstes Unglück, und zwar mit einer H-Bombe gegeben hat. Die Wahrheit kam erst später ans Licht, zunächst wurde sie von der fremden Militärmacht geleugnet. Und wir befürchten, daß dort ständig nukleare Bomben lagern. Und wir ahnen, daß mehrere der Kriegsschiffe, die dänische Häfen anlaufen oder dänische Belte passieren, mit atomaren Waffen ausgerüstet sind. Dänemark ist frei von Atomwaffen – sollte es sein.

Dänemark ist das Land der Moorleichen. Es ist erstaunlich, daß Menschen aus der Eisenzeit in Dänemarks Mooren so gut erhalten sind, daß man sogar deren Magen- und Darminhalt, Hirn, Fleisch und vieles andere untersuchen kann. Besonders die Leichen, die im Winter ins Moor gelangten, sind vollständig erhalten, denn dann konnte die Verwesung nicht vor dem Gerbeprozeß einsetzen. Das heißt, daß Menschen, die im westlichen Dänemark zur Winterszeit ins Moor kamen, am besten erhalten geblieben sind, dort, wo der Kalkgehalt im Wasser geringer und die Temperatur weniger hoch war.

Moorleichen aus ganz Europa sind bekannt. In den Museen gibt es deren mehr als 1500, und von diesen stammen ca. 500 aus Dänemark. Die berühmteste von ihnen ist wohl der «Grauballemann», der im April 1950 gefunden wurde, ein guter Zeitpunkt in der Konservierungsgeschichte. Er wurde gründlich untersucht und kam dann auf der ersten Seite von «National Geographic» und auch sonst an vielen Stellen zu Ehren. – Doch, wie gesagt, er befindet sich in Gesellschaft von fünfhundert anderen.

Eines Tages will ich nach Århus fahren
und sehen sein torfbraunes Haupt
der Augenlider sanfte Samenkapsel
und seine spitzige Lederkappe.

In der zerfurchten Landschaft,
wo man einst ihn ausgrub
mit dem Winterkornbrei der letzten Mahlzeit
eingetrocknet in seinem Magen

nackend, abgesehen von
Mütze, Strick und vom Hemd –
da will ich lange stehend verweilen.
Er war der Göttin Bräutigam

sie legte ihm ihren Halsschmuck an
und öffnete sein Bett
während die dunklen Säfte ihm bewahrten
den Körper eines Heiligen

ein Fund für der Torfgräber
mühselige Arbeit.
Sein geschwärztes Antlitz
ruht nun hier in Århus.

Dies schrieb der gute irische Dichter Seamus Heany, dessen Vorname sich auf famous reimt. Er ist von dem Moorfund ganz begeistet und fügt ihn in seine eigene irische Gegenwart ein. Er will das Moor zur «heiligen Erde» machen und darum beten, daß der Grauballemann den umgebrachten irischen Arbeitern Kraft zum Wachsen verleihen möge, unter anderem vier Brüdern, die eine «schwere Ruhe» haben, während sie Meile für Meile weiter verschleppt werden.

Etwas von der traurigen Freiheit
kann er verspürt haben im Henkerkarren
müßte überwältigen mich am Steuer
wenn ich die Namen sage
Tollund, Grauballe, Nebelhof

und schau nach der Bewohner
hinweisenden Händen
ohne deren Sprache zu verstehen

Dort draußen in Jütland
in der alten Mörder-Gemeinde
werde ich mich fühlen: verloren
unglücklich und daheim

Eine traurige Freiheit, ein Gefühl, verloren zu sein, unglücklich und gleichzeitig zu Hause – das sind für mich gute Worte, die ich zur Verfügung habe, wenn ich diesem Moormann gegenüberstehe.

Der Grauballemann wurde zum Erlebnis für den späteren Reichsarchäologen P.V. Glob: «... aus einer goldenen Pforte im donnerblauen Wolkenhimmel brach plötzlich die Sonne durch und erhellte das Tollund Moor im Bjaelskov-Tal und belebte auf eigenartige Weise alles in der Abendstille, die nur hier und da vom keckernden Liebeslied der Riesenbekassine durchbrochen wurde. Auch der Tote, tief unten im umbrabraunen Torfgrab, schien sich wieder zu beleben. Wie ein Schlafender ruhte er auf dem feuchten Lager, den Kopf leicht vornüber geneigt, mit gebogenen Armen und Beinen, auf der Seite liegend, das Gesicht war mild, die Augen waren zu. Seine Lippen hielt er, wie in stiller Andacht, geschlossen. Es war, als wäre die Seele des Toten für eine Weile aus einer anderen Welt durch die Himmelspforte im Westen zurückgekehrt.»

Als man dann später sowohl den Mann als auch die Torferde, darein er gebettet war, in einer großen, auf tausend Kilo Tragkraft berechneten Kiste von Hand fortschaffen wollte, geschah etwas: «Und das ging nicht ohne Verlust vonstatten. Einer der Helfer fiel hin, überanstrengt, von einem Herzschlag getroffen. Das Moor verlangte Leben für Leben. Die alten Götter wollten einen neuen Menschen als Tauschobjekt für den aus alten Zeiten haben, werden vielleicht manche meinen.»

Dänemark ist das Land des Dichters. Der Dichter heißt H. C. Andersen, und sein Name wurde auf eigenartige Weise weltberühmt. Dies geschah nicht durch seine Schauspiele, seine Gedichte oder Romane. Auch nicht seines Schicksals wegen, obwohl das interessant genug ist.

Nein, er wurde zum Dichter für die ganze Welt in dem sehr kleinen Genre des Märchens. Sie wurden zu einem günstigen Zeitpunkt geschrieben. Die Welt war noch erstaunlich voll von guten Volkserzählern, man las nicht soviel Märchen wie man hörte. Mit der Romantik war das Interesse der Oberklasse für das geistige Leben der Unterklasse erwacht. Dies war für Herder und seine Nachfolger der Weg zur «Volksseele». Und dann hatte H. C. Andersen ein ganz besonderes Gemüt und seinen eigenen festen Aberglauben und wirklich eine sehr gute «Volksseele». Er lebte märchenhaft, und die Welt öffnete sich für ihn.

In einem ganz besonderen Zusammenspiel, sowohl erklärlich als auch unerklärlich, wurden die erneuerten Märchen geschrieben, die alle kennen. Und so bekam er – der Junge aus der Unterklasse Zugang zur allerhöchsten Oberklasse jener Zeit: den Fürstenhäusern. Dänemark ist das Land des Dichters.

Und Dänemark ist das Land des Dichterphilosophen. Er heißt Søren Kierkegaard, und man sagt, daß er der eigentliche Begründer des Existenzialismus sei. Er ist später in viele Sprachen übersetzt worden, und er ist immer noch eine Quelle der ständigen Inspiration für Dichter und Philosophen.

Warum? Für einen Dänen ist er es, weil er die reichste Sprache hat, die man sich vorstellen kann. Sie folgt dem Alltag und der sokratischen Ironie (über die er seine Doktorarbeit schrieb), sie horchte auf Stubenmädchen und das, was die Bürger «Pöbel» nannten, sie, die ihre Dramatiker kannte, den englischen Shakespeare und den dänischen Holberg, und ihre Musik, vor allem Mozart. Dies bedeutet, daß in dem reinsten philosophischen Gedankengang immer Spiel und Nonsens der geheimen Sprachkräfte enthalten ist, sowohl die philosophische Konstruktion als auch das sprachliche Material in nuancierter und reicher Blüte. Und dann ist er auch noch Humorist. Ja, natürlich ist Dänemark das Land des Dichterphilosophen.

Wie alle Länder Europas, ist Dänemark das Land der Städte. Und die Städte bezeugen die lange Entwicklung und Geschichte. Am ältesten sind wohl Ribe, Hedeby (das jetzt deutsch ist und in Schleswig liegt), Viborg und vielleicht Lund (das jetzt schwedisch ist).

Viborg ist das Herz der Halbinsel Jütland und war eine heilige Stätte, denn der Name bedeutet «der Berg mit dem heidnischen Heiligtum».

Lund war ebenfalls ein religiöses Zentrum in einem heiligen Hain.

Odense, mitten auf Fünen, war ein Heiligtum für den Gott Odin.

Das können wir seit dem 7. Jahrhundert dokumentarisch belegen. Die Bildung des Reiches vollzog sich vielleicht im 8. Jahrhundert; am besten können wir den Abschluß der Machtkonzentration in Jelling konstatieren. Heute ist dies ein kleiner Ort bei Vejle, aber dort befinden sich die größten Grabmäler und jener Runenstein, der gesetzt wurde, um zu verkünden, daß Harald in Dänemark und Norwegen die Macht übernommen und die Dänen christianisiert habe.

Aber dann wanderte, etwas unerklärlich, das Zentrum nach Roskilde, weiter entfernt von der Grenze, deren

Schutz entscheidend für die Machtkonzentration gewesen war. Hier wurde Harald bestattet, und hier sind auch die meisten dänischen Könige begraben.

Erste größere Ansiedlungen stammen aus dem 7. Jahrhundert, aber Stadtgründungen wurden erst im 9. Jahrhundert urkundlich vollzogen; die Bischofsstädte erhielten Stadtrechte. Im 11. Jahrhundert kam dann ein neuer Stadttyp hinzu, weil Dänemark damals feindlichen Angriffen von der südlichen Seeseite her ausgesetzt war, nämlich von seiten der Wenden. Diese Städte sind Kalundborg, Korsør, Vordingborg und Kopenhagen, das später die Hauptstadt des Landes werden sollte. Eine recht junge Stadt also.

Mit großen Burgen wurde an den Küsten eine Reichsverteidigung aufgebaut. Uneinnehmbar sollten sie sein und weite Ausblicke bieten, auch den Ausgangspunkt für Verfolgungen bilden.

Später wurde das Land mit Städten überzogen. Von jeder einzelnen Förde konnte nun Getreide nach Lübeck und anderen Hansestädten verschifft werden. Schiffe waren die besten Transportmittel. Wir sehen Ålborg, Hobro, Randers, Århus, Horsens, Vejle, Kolding, Haderslev und Åbenrå, um nur diese zu erwähnen. Meine eigene Geburtsstadt Holbaek gehört auch dazu.

Sind nach dem Mittelalter neue Städte entstanden? Einige wohl, aber nicht viele. Zu militärischen Zwecken wurde Fredericia gegründet. Es sollte einen Brückenkopf in Jütland verteidigen und Fredriksvaerk samt Pulverfabrik. Die Namen sagen aus, daß die Städte nach gleichnamigen Königen benannt wurden.

In der Epoche der Frühindustrialisierung entstanden Silkeborg, wo es Wasser gab und Herning, wo in Heimarbeit Textilien produziert wurden.

Esbjerg wurde von der Staatlichen Eisenbahn als Exporthafen geschaffen. Und zwischen den alten Stationen erwuchsen neue Stationen, mittelgroße Städte, als Sammel- und Verteilzentren für Produkte – mittels der Bahn. In weiten ländlichen Bereichen konnten Schüler mit der Bahn an ihre Schulorte befördert werden, ja es entstanden zu jener Zeit besondere Schulstädte.

Später hat das Bevölkerungswachstum und auch die Dezentralisationsbewegung Vorstädte geschaffen. Es war also folgerichtig, daß die Städte um Kopenhagen und Århus zu Satellitenstädten wurden, zu etwas entfernteren Vorstädten, deren Bevölkerung in den großen Städten Arbeit findet.

Anderswo können Städte auch zusammenwachsen. So versucht man, ein Städtedreieck zu schaffen, die Konurbation der drei ostjütischen Städte Kolding, Fredericia und Vejle. Das soll die Anziehungskraft von Århus und besonders von Hamburg, dem nächsten richtig großen Hafen, vermindern, die beide eine echte Bedrohung darstellen.

Dies ist eine Entwicklung, wie sie alle Industrieländer kennen, doch hat sie hier ihre eigene Form, der Geographie des Landes entsprechend, gefunden. Somit ist Dänemark das Land der Städte.

Dänemark ist eine Staatengemeinschaft von drei Partnern. Der eine ist Grönland – mit 50 000 Einwohnern, das sich seit 1979 selber regiert. Dann sind da die Faerøer – mit etwas über 50 000 Bewohnern – selbstregiert seit 1949. Und ferner gibt es eine Menge Grönländer und Färinger, die in Kopenhagen oder in Jütland leben: sie studieren dort, haben sich in Dänemark verheiratet – oder ziehen es einfach vor, da zu leben.

Die Färinger haben ihre eigene Sprache und Literatur. Es gibt wohl kaum ein Volk, das pro Einwohner mehr Bücher kauft als sie. Und sie haben eine blühende Kultur.

Das Gleiche kann man von Grönland sagen. Die Sprache ist weit davon entfernt, dänisch zu sein, es ist eine Inuit-Sprache, verwandt mit der der Eskimos in Kanada, Alaska und im nördlichen Sibirien. Auch ihre Sprache hat festen Bestand, selbst wenn viele Grönländer – oft noch bei Lehrern, die ihre Sprache nicht verstanden, sondern nur Dänisch sprachen – zur Schule gehen mußten.

Das Königshaus, die Außenpolitik und die Verteidigung sind allen drei Partnern in der Staatengemeinschaft gemeinsam. Aber die Faerøer und Grönland sind nicht Mitglied der Europäischen Gemeinschaft, das haben beide Partner klar verneint. Dänemark ist das Land der Staatengemeinschaft.

Dänemark ist das Land der Alternativkulturen. In allen entwickelten Kulturen kommt es zu einer Gegenkultur. Die jungen Menschen, die sich in Ausbildung befinden, sind nicht immer konform. Sie haben genügend Kenntnisse und auch den Willen zur Kritik, und viele von ihnen verachten «das System». Sie wollen etwas anderes als Erfolg, Konsumentenmentalität, Kälte. Sie wollen andere Menschen nicht als Objekte betrachten. Sie wollen nicht unter Leistungsdruck stehen. Sie wollen nicht getrennte Wohnung und Arbeit, und sie wollen ihre Kinder einfach nicht in Institutionen schicken, zu denen sie kein Vertrauen haben.

In einigen Ländern kommt es zu harten Konfrontationen, in anderen geht es milder zu.

Dänemark hat eine Tradition der milden Konfrontation. Eine alte Tradition. Seit der freien Verfassung gibt es innere Freiheit im Kirchlichen und im Schulwesen. Und heute können die Alten, die die Volkshochschulen und die Freien Schulen besucht haben, leicht mit dem neuen Anspruch der Alternativkultur zurechtkommen. Da kamen Windmüller und ökologische Gärtner von jeder einzelnen Hochschule. Da entstanden rings herum Arbeitskollektive, ja diese übernahmen sogar mehrere Herrenhöfe. Da gab es alternative Ferienlager auf Inseln, bezuschußt vom Kultusministerium. Da entstanden Freizeitzentren – auch mit dem Segen der Behörden. Da gibt es Hospize für Frauen, denen Gewalt angetan wurde. Und da entstanden große, sogenannte «befreite Gebiete».

Alle dürfen dorthin kommen, ohne registriert zu werden, also eine Haltung, wie man sie in Europa von den Klöstern her kennt. Man sollte hier eine Freistatt finden. Diese sollte die Möglichkeit bieten, das Unbehagen an der offiziellen Zivilisation aktiv in etwas Positives zu verwandeln, gewöhnlich in eine alternative Gemeinschaft.

Das große Beispiel heißt Christiania. Das ist ein altes militärisches Areal mit vielen Gebäuden, die sog. Bådsmandsgades-Kasernen, die 1971 «erobert» wurden, nachdem das Militär sie geräumt hatte.

Seither heißt das Quartier «die Freistadt Christiania».

Viele Menschen wohnen dort. Niemand hat sie gezählt. Sie haben Werkstätten errichtet, und einige von ihnen funktionieren ausgezeichnet. Es gibt dort Gasthäuser, die sich weigern, sich von den Behörden kontrollieren zu lassen. Ferner gibt es dort Wohnungen aller Art, sowohl künstlerisch eingerichtete Häuser wie Zimmer mit Betten in normierten Häusern, die nicht zum Bewohnen erbaut wurden. Auch entstanden eine Menge von Behausungen, oft aus Materialien von Häusern, die anderswo in der Stadt abgerissen wurden.

Es sollte ein Idyll werden und eine ideale Gesellschaft, und es gibt auch heute noch viele, die weiterhin ihren sozialreformerischen Elan behalten haben. Vor allem beabsichtigt man, Menschen, die vor allem anderen geflüchtet sind – vor Eltern, Ehepartnern, Institutionen, festen Anstellungen –, hier eine Möglichkeit zu bieten, und immerhin lassen sich gewichtige soziale Leistungen hier vorzeigen.

Aber das ist nicht die ganze Wahrheit. Solch ein Milieu der offenen Freiheit bietet auch Freiheit für Kriminelle. Hierher können sie flüchten, hier können sie sich vor der Polizei verstecken, deren Zutritt man verhindern will. Aber diese Menschen können auch für die kleine Gemeinschaft zur schweren Bürde werden. Und natürlich finden auch Hasch- und Heroinhändler hier eine Freistatt.

In Wirklichkeit ist es so, daß ein alternativer Zusammenschluß für viele zum Magneten wird, die die große Gesellschaft kriminell nennt.

Deswegen ist Christiania ein ständiges Thema für Debatten in Dänemark. Die bürgerlichen Parteien möchten Christiania schließen lassen, aber die sozialistischen unterstützen es. Und nun existiert es schon seit fünfzehn Jahren, ständig bedroht.

Was soll man im übrigen mit den Menschen machen, die heimatlos werden, wenn Christiania einmal schließt?

Im Augenblick ist es eine Attraktion für Touristen. Die Besucher können hier Menschen sehen, die sich anders kleiden, die anders wohnen, anders leben, die Kinder und Hunde freier umherlaufen lassen und im übrigen in Gemeinsamkeit handeln. Und die Besucher gehen mit einem leichten Schaudern dort umher. Es ist nicht ungefährlich. Es gibt dort nämlich auch Schußwaffen, von denen Gebrauch gemacht wird.

Welches andere europäische Land hat solch ein Gebiet von dieser Größe für alle Nonkonformen geöffnet – und dies trotz ständigen Widerstands der Polizei und gegen den Wunsch der halben Bevölkerung? Dänemark ist das Land der alternativen Kulturen.

Dänemark ist Hamlets Land. Jedes Land hat eine Besonderheit, die internationales Aufsehen erregt. Und Dänemark ist so glücklich, daß der Held eines der bedeutendsten Dramen der Weltliteratur ein Däne ist. Wir sind glücklich darüber, daß William Shakespeare Kronborg auf die Landkarte brachte.

Und er hat eine Zeile geschrieben, die daran erinnert: «Etwas ist faul im Staate Dänemark!» So ist es wohl in allen Ländern.

Aber ist es denn auch so, daß sich Dänen in gewissem Grade in Hamlet selber wiedererkennen? Sind wir fatalistische Humoristen? Sind wir voller Zweifel? Haben wir ein ungeklärtes Verhältnis zu unserer Mutter? Wollen wir die Frauen in Klöster schicken?

Nein, sicherlich nicht mehr als andere Nationen.

Hamlet wendet sich an den Einzelnen. Der Dichter verbindet eine zutiefst schmerzliche Erfahrung mit unserer eigenen, und das hilft uns zur eigenen Erfahrung.

Wenn der Name Dänemark mit der Weltliteratur verknüpft werden sollte, hätte der Zufall sich etwas Besseres ausdenken können als Hamlet? Wir sind seinetwegen unheimlich froh. Und auch Kronborgs wegen, das seit Jahrhunderten eine Perle bei der Einfahrt nach Kopenhagen gewesen ist. Ein Muß für jeden Besucher. Und vielleicht können wir alle unseres Vaters Geist hören? Dänemark ist Hamlets Land.

Aber Dänemark ist auch das Land der kleinen Seejungfrau. Sie ist kein großes Kunstwerk, wahrhaftig nicht. Aber sie steht gut. Sie steht dort, wo Land und Wasser miteinander spielen. Sie befindet sich so passend zentral in Kopenhagen. Und wenn Touristen unbedingt die unschöne Statue sehen wollen, dann sind sie dazu herzlich willkommen!

In der ganzen Welt erregte es Vergnügen, als ihr 1964 der Kopf abgesägt wurde. Ich hörte im Radio davon und eilte hinunter. Sicherlich ein bewußt veranstaltetes künstlerisches Happening! Das war es denn auch. Da saß sie nun, um einen dummen Kopf kleiner!

Aber betrachten wir die Statue nicht nur als Kunstwerk, sondern sehen wir die Nixe als Symbol oder Archetypus, dann stellen wir die Dinge richtiger! Denn Nähe zum Meer gibt es überall im ganzen Land, sie ist den Dänen in die Seele eingegangen. Wir wohnen in Nixenträumen, wir haben alle etwas von ihrer unerfüllbaren Sehnsucht, die nicht zu erlösen ist, denn Nixen haben keine unsterbliche Seele, so zumindest die Theorie. Und wir verspüren alle das seltsame Ziehen, wenn die Nixe sich sehnt und lockt und verführt:

> Sie sprach zu ihm, sie sang zu ihm;
> Da war's um ihn geschehn:
> Halb zog sie ihn, halb sank er hin
> Und ward nicht mehr gesehn.
>
> (Goethe: Der Fischer)

Aber was ist die Seejungfrau in H. C. Andersens Märchen? Sie ist daheim in der Welt der Tiefe, aber sie taucht gern an der Oberfläche des Meeres auf, wenn die Sonne untergegangen ist. Das Motiv hat zwei Seiten. Teils kann einerseits der Mann die sogenannte chthonische anima nicht entbehren, die ihn in der Natur verwurzelt und ihm instinktive Sicherheit gibt. Aber das Meermädchenmotiv charakterisiert auch eine Haltung, die gewissen seelischen Phänomenen gegenüber notwendig ist. Die Meerjungfrau verträgt nämlich nicht das blendende Sonnenlicht – ein Licht, das die Nähe entblößt, aber das Ferne verbirgt. Sie entzieht sich dem rationalen Verständnis des Bewußtseins. Und was ist der Fischschwanz anderes als die tierische Seite, die nicht verstanden ist? Auf diese Weise – von einem Forscher Jungscher Observanz in Dänemark gedeutet – wird die Kleine Seejungfrau zur einfachsten und unverschleierten Charakteristik von H. C. Andersens Psyche. Er hat mit ihr ein Bild dafür geschaffen, daß etwas in seinem Wesen war, das er nie zur Entfaltung bringen konnte, eine Versteinerung in der Tiefe seiner Seele, im Märchen eine Statue, die auf dem Meeresgrund zurückgelassen werden mußte: «... und es war ein schöner Bursche».

Es versteckt sich in H. C. Andersen ein schöner Bursche, er ist unglaublich handgreiflich in der Nähe und trotzdem fern, ebenso wie sich ein sehr schöner Jüngling in Hamlet verbirgt. Und die kleine Meerjungfrau im Märchen – und die Statue auf der Langelinje in Kopenhagen – erzählen von dem Schönen, das in uns wirkt, aber nicht erlöst werden kann. Es endet in Gift und Versteinerung. Es wird in der Kunst gebunden. Dänemark ist das Land der unerlösten Seejungfrau.

Dänemark ist ein kleines Land, aber... Unsere Identität ist ambivalent: wir haben Größe und Bescheidenheit. Sind wir bei den Großen daheim, wo wir die Kleinen sind, oder bei den Kleinen, wo die Geschichte unser Schicksal doch soviel besser als das vieler anderer geleitet hat? In einer Welt, in welcher Völker und Nationen einfach beiseite gefegt werden, überlebt Dänemark. Mit Trauer und Glück im Blick, mit Meer und Land – aber ohne Berge – im Gemüt.

Das ist natürlich ein Thema in den vaterländischen Liedern, daß andere Länder weit höhere Berge (als 172 m) haben, weit schönere Besitzungen, weit größere Unternehmungen, weit klügere Leute, eine bei weitem edlere, schönere Sprache, viel mehr natürliche Ressourcen – doch Dänemark ist von einer anderen Schönheit der Natur, einer anderen Ehrlichkeit der Gesinnung, einer Sprache, die gut geeignet ist «mehr zu schmelzen, denn Fremde zu schlagen», und eine andere Art des Reichtums als den protzigen, nämlich den, daß «Wenige zuviel und die Wenigsten zu wenig haben». Dies wurde bereits 1820 schriftlich festgestellt, und es drückt sich darin aus, daß bei uns in Dänemark die Verteilung der Güter gerechter als in so manchen anderen Ländern gehandhabt und beibehalten wurde. Es ist eine Güterverteilung, die etwas weniger schief als an vielen anderen Orten ist – aber das ist natürlich inzwischen lange her, denn es gibt Restarmut im Land. Und wie in allen anderen Ländern bekommen die Reichen stets mehr und mehr, während sich die Armen nur notdürftig behelfen können. Dänemark ist ein kleines Land, aber...

Dänemark ist unerschöpflich. Man kann in Dänemark, wie in allen andern Ländern, darüber sprechen, ob Dänemark unerschöpflich ist.

Ich habe versucht, mehrere Themen anzuschneiden. Wir haben aus Niederlagen gelernt. Wir geben alternativen Lebensformen verhältnismäßig viel freien Spielraum. Wir besitzen eine relativ große Freiheit, aber diese ist bedroht, wie sie es immer in der Geschichte war.

Dänemark ist ein westliches Land. Es gibt viele Waren in den Geschäften. Alles befindet sich in freier Bewegung.

Dänemark ist ein Land mit verhältnismäßig vielen Einwanderern und Flüchtlingen, und die haben sich ihre eigenen kulturellen Milieus geschaffen. Sie haben ganze Straßen erobert, in denen die Schilder nicht mit lateinischen Buchstaben geschrieben sind. Fährt man in Kopenhagen mit dem Taxi, dann ist die Wahrscheinlichkeit groß, daß der Chauffeur aus Pakistan, aus der Türkei, aus Mazedonien, Ungarn, Polen, Griechenland, Italien – und in einigen Jahren sicherlich auch aus Vietnam, Sri Lanka, Afghanistan, Iran, Kenia, Südafrika ist – oder ein Student aus den USA. Dänemark steht politischen Flüchtlingen verhältnismäßig weit offen, aber die Gesetze sind leider kürzlich strenger geworden.

Im Wissen, wie schlimm Folterungen Menschen zerstören können, hat man in Kopenhagen das erste Rehabilitationszentrum auf der ganzen Welt für Gefolterte gegründet, und das ist eine langwierige und anspruchsvolle Therapie.

So trage ich Punkt für Punkt etwas über ein Land zusammen, das fünf Millionen Einwohner und eine Hauptstadt ganz am Rande hat, eine Staatengemeinschaft mit den Faerøern und mit Grönland bildet und das außerdem eine lange und lehrreiche Geschichte besitzt.

Aber die Bilder mögen das Restliche berichten. Sie können etwas von dem einfangen, was nicht sagbar, schwierig zu formulieren ist. All das kann auf andre Weise verdeutlicht werden für den, der Bilder genau «liest», so wie sie es verdienen. Dänemark ist unerschöpflich.

126
80

Dänemarks beliebtestes Verkehrsmittel: Fahrradpark vor dem Bahnhof von Naestved auf Seeland.

Blick vom Stellwerk auf die Verladeanlagen von Nyborg; im Hintergrund die zwischen Nyborg und Korsør auf Seeland verkehrende Fähre «Prins Joachim».

Rangierlokomotive beim Entladen des Fährschiffes aus Puttgarden in Rødbyhavn auf Lolland.

Vorhergehende Seite:
Im Verladebahnhof von Nyborg auf Fünen werden die Weichen kontrolliert.

377
STOP
ACTIV

Verladeeinrichtungen der Fährlinie Helsingør – Hälsingborg (Schweden) in Helsingør.

Im Bauch der Fähre Helsingør – Hälsingborg.

Die Eisenbahn- und Autofähre «Kronborg»; im Hintergrund die schwedische Küste.

Vorhergehende Doppelseite: Brückenlandschaft am Storstrømmen, dem Sund zwischen Falster und Seeland, bei Vordingborg; vorn die Straßen-, hinten die Eisenbahnbrücke.

Kronborg

__1__ Personenzug bei Frederikshavn in Südjütland.

__2__ Grafisch überzeugend gestaltete Reklameposter der Dänischen Staatsbahnen auf einem Bahnsteig in Nykøbing.

__3__ Sommerliche Bahnsteigszene im Kopenhagener Hauptbahnhof.

__4__ Im Jahre 1167 als kleiner Hafen gegründet, wuchs Kopenhagen, das einstige Køpmannaehafn, rasch zur wichtigen Handelsstadt heran, in der sich Kaufleute und Fischer niederließen. Da die Stadt eine strategisch äußerst günstige Lage am Öresund innehatte und wirtschaftlich innert kurzem aufblühte, empfanden sie die Bewohner der deutschen Hansastädte bald als Dorn im Fleisch – die Hanseaten sahen ihre Vormachtstellung bedroht. Im Jahre 1249 griff Lübeck die noch junge Stadt an und zerstörte sie bis auf die Grundmauern. Aber Kopenhagen entstand aufs neue – mit noch stärkeren Befestigungsanlagen, von deren Mauern aus in den folgenden Jahrhunderten die Angriffe der Holländer, der Engländer und der Schweden abgewiesen wurden. Die Stadt blühte – nicht zuletzt dank der Zölle, die man in den Jahren 1429 bis 1857 von den Schiffen erhob, die den Sund passierten. Noch heute ist Kopenhagen ein wichtiges Handelszentrum, das Mittel- und Westeuropa mit den skandinavischen Staaten verbindet – dies über Autostraße und internationale Bahnlinie.

Aus Anjas Tagebuch: «Kopenhagen – eine schöne und weitläufige Stadt, mit vielen guterhaltenen Stadtsitzen und Palästen in der Altstadt, die meisten im Stil stark von den zeitgenössischen holländischen Vorbildern beeinflußt. Das verdankt man König Christian IV., der viel zur Verschönerung seiner Hauptstadt beitrug und stark beeindruckt war von der holländischen Renaissance. Ob sich der Bildhauer, der die kleine Seejungfrau schuf, wohl je träumen ließ, daß seine kleine Dame sich einmal zur Attraktion für die Touristenmassen auswachsen würde? Ganze Busladungen von Leuten werden abgesetzt; alle kommen sie, um die Nymphe zu bewundern. Jeder anständige Tourist besteht darauf, sich auf der ewiggleichen Stelle just vor der Maid fotografieren zu lassen. Die Helden unter den Bewunderern klettern über die Steine und wagen den Sprung über das Wasser, um sich in zärtlicher Pose, den Arm um die Nymphe geschlungen, ablichten zu lassen. Der Sprung zurück ans Land ist komplizierter; manch einer platscht mit einem Bein ins Wasser oder verstaucht sich den Knöchel – besonders wenn Damen in hohen Absätzen zum Sprung ansetzen. Ob es wohl Kodak selbst war, der dem Künstler den Auftrag gab?

Zwei grauhaarige befreundete Damen von rund siebzig Jahren sitzen mit freundlicher Miene neben mir auf der Bank und machen gute Geschäfte mit dem Verkauf von Postkarten – Sujet: ‹den Lille Havfrue›. Mit viel Vergnügen verfolge ich die unschuldige Betriebsamkeit der Touristen. Natürlich gehöre ich selbst auch dazu – nur daß ich mich den Touristen nicht anschließe, sondern sie genieße.»

__5–10__ Aus Anjas Tagebuch: «Dänemark ist reizend, aber ziemlich langweilig. Puppenhäuser in puppenhaften Städten. Ein reinliches und wohlhabendes Land; sauber die Bauernhöfe und sauber die Straßen. Der größte Teil des Landes ist landwirtschaftlich genutzt; die Felder liegen wohlbestellt vor mir. In den Gärten wird gehackt, und die Häuser sind frisch verputzt.

Hier leben tugendhafte Familien mit einem Kind, zwei Kindern; der Mustergatte stößt vorbildlich den Kinderwagen herum, bis ihm eines Tages der Kragen platzt und er sich mit Tuborgbier vollaufen läßt. Dann schauen die anderen betreten zur Seite, bis sich der Kater verzieht und das Leben wieder seinen gewohnten Gang nimmt.»

__11/12__ Aus Anjas Tagebuch: «Seit drei Jahren feiert Kopenhagen jährlich eine Art Karneval. Ziemlich spät im Jahr, und zu diesem Zeitpunkt nicht von allen Einwohnern begrüßt.

Es gibt kaum schöne Kostüme zum Bewundern – die allgemeine Tendenz ist, sein Gesicht so originell, so häßlich oder so schön wie möglich zu bemalen. Die Leute feiern mit ausgesprochen ernster Miene. Ein recht eigenartiger Anblick: diese komischen bemalten Gesichter, die so todernst dreinschauen. Wie Kinder, die ja auch so feierlich dreingucken können. Aber das Ganze ist ein regelrechtes Fest, und sie vergnügen sich königlich.»

__13/14__ Wie bereits erwähnt waren holländische Künstler im 16. und 17. Jahrhundert am dänischen Hof sehr gefragt. Im Jahre 1620 entwarf ein Holländer, nämlich Hans von Steenwinckel, auch Schloß Frederiksborg – dies auf Geheiß von König Christian IV., der vorher den bescheidenen Sitz seines Vaters hatte niederreißen lassen, obwohl er dort geboren worden war.

Ein weiterer Holländer, der Bildhauer Adrian de Vries, entwarf den Neptunbrunnen von Frederiksborg, der den Hof des Renaissanceschlosses belebt.

__15__ Dänemark besteht aus hundert großen und rund vierhundert kleinen Inseln. Daraus ergibt sich eine Küstenlinie, die 7474 Kilometer mißt; entsprechend spielen Fähren und Brücken für den Verkehr eine wichtige Rolle.

Die 3200 Meter lange Storstrømbrücke verbindet die Inseln Falster und Seeland. Von der Insel Lolland aus erreicht eine Fähre das westdeutsche Puttgarden. Nicht nur Autos, sondern auch ganze Züge kommen an Bord für die Reise nach dem Süden oder dann nordwärts nach Schweden, Norwegen oder Finnland.

Um eine ungestörte Verbindung zu garantieren, der weder Nebel, Sturm oder Eisbildung etwas anhaben können, erwägt die Regierung seit Jahren den (äußerst aufwendigen) Bau einer Brücke über den Großen Belt und eines Tunnels, der die Meerenge zwischen Helsingør und dem schwedischen Hälsingborg unterqueren würde.

__16__ Schloß Kronborg in Helsingør.

Aus Anjas Tagebuch: «Viele große Schauspieler haben Shakespeares Hamlet verkörpert. Mir kommen Namen wie Laurence Olivier oder Richard Burton in den Sinn – zwei unter vielen. Jugend, Unbekümmertheit, Macht, Rücksichtslosigkeit, Wahrheit und Lüge, Rache und Einsamkeit. Alle diese verschiedenen Gesichter von Shakespeares Tragödie machen Hamlets Rolle zu einer so faszinierenden Angelegenheit. ‹To be or not to be in Elsinore, that's the question›: So wie das lokale Verkehrsbüro die Frage in seinen Prospekten formuliert, ist sie falsch gestellt. Vielleicht lockt sie die Touristen nach Helsingør, wohin auch Shakespeare den Schauplatz seines Dramas verlegte (Elsinore). Nur daß sich die Geschichte nicht hier abspielte.

Die Geschichte von ‹Amlothi›, eine mündlich überlieferte Legende, hat Saxo Grammaticus im 12. Jahrhundert in seinen ‹Gesta Danorum› erstmals festgehalten – einer Chronik aus Heldenlegenden und isländischen sowie norwegischen Sagas. Da diese Hauptquellen mündlich überliefert wurden, ist Hamlets Geschichte keineswegs historisch verbürgt. In Saxos Version spielt sie auf Jütland. Ist sie wahr, so hat Amlothi wahrscheinlich lange vor der christlichen Aera gelebt. Sein Name geht übrigens auf das Altnorwegische zurück, und die letzte Silbe, ‹othi›, bedeutet ‹tapfer im Kampf›, aber auch ‹verrückt›.

Shakespeare hatte die Hamlet-Geschichte wahrscheinlich aus den ‹Histoires tragiques›, einer 1570 veröffentlichten Sammlung des französischen Autors François de Belleforest. Dieser sammelte tragische Geschichten aus aller Welt; Amlothis Schicksal kannte er aus Saxos Werk, das 1514 in Paris erschienen war.

Shakespeare erzählte die Geschichte ein weiteres Mal. Er war es auch, der die tragischen Ereignisse rund um einen dänischen Prinzen auf Helsingør ansiedelte, wobei er allerlei Namen und Sitten der zeitgenössischen Dänen mit einflocht. Weshalb er gerade Helsingør als Schauplatz wählte, hat damit zu tun, daß dort Kronborg stand: eine Festungsanlage der dänischen Könige, die den Engländern unter Elizabeth viel vertrauter war als Jütland. Man kannte Helsingør in England wie in allen anderen seefahrenden Nationen: jedes Schiff, das durch den Sund nach baltischen Häfen segelte oder von dort her kam, mußte in Helsingør haltmachen und den Sundzoll zahlen. Eine Zeitlang existierte dort selbst sogar eine kleine englische Kolonie.

Shakespeare baut noch eine weitere zeitgenössische Eigenheit in sein Stück ein: das Saufen. Die Dänen waren kräftige Trinker, allen voran ihre Könige: ‹Im Jahre 1603, als der dänische König auf einem englischen Schiff außerhalb von Kronborg an einem Bankett teilnahm, folgten jedem skole sechs Salutschüsse – insgesamt 160 Schüsse, solange der König an Bord war.› Oder der Leibarzt des gleichen Königs, der in seinem Tagebuch vermerkt: ‹Die meisten Dänen und besonders der Adel sind dem Trunke im Übermaß zugetan und würden am liebsten Tag und Nacht den Becher leeren. Vor allem scheint es ihnen unmöglich zu sein, eine Hochzeit, ein Bankett oder einen anderen Anlaß zu feiern, ohne daß jedermann seinen Nachbarn zum Trinken auffordert und ihm darin wacker vorangeht, so daß schließlich alle (mit Verlaub zu sagen) das Bier wieder ausspeien und in Gegenwart der Aufwärter und anderer Gäste ohne jegliche Scham ihr Geschäft unter dem Tisch verrichten. Muß einer von ihnen halb oder ganz betäubt zu Bett gebracht werden, so ruft diese Tatsache ungeheuren Jubel hervor; man brüllt vor Lachen.›

Sogar heutzutage tut sich Helsingør damit hervor, gutes Geld mit dem Verkauf von Spirituosen zu verdienen. Vor allem verkauft man an die Schweden, die nur der starken Getränke wegen die Fähre über den Sund nehmen: Alkoholika sind in Dänemark billiger als in Schweden. Die wenigen wunderschönen Kaufmannshäuser aus dem 17. Jahrhundert, die noch übriggeblieben sind, hat man zu Spirituosenläden umgebaut. Oft kann der Käufer kaum warten, bis er die Flasche in Ruhe entkorken kann und führt sie, kaum auf der Straße, an die Lippen. Schnaps und sein Geruch beherrschen die Stadt – zusammen mit dem An- und Ablegen der Fähren.»

17 Lindholm Høje, die größte bis anhin entdeckte Begräbnisstätte der Wikinger, liegt bei Nørresundby in der Nähe der jütischen Stadt Ålborg. 682 Gräber wurden hier gefunden; zweihundert von ihnen – wahrscheinlich die Grabstätten der Anführer – zeigen die Form eines Schiffs.

Aus Anjas Tagebuch: «Auf ihren ersten Raubzügen, die sie im 8. und 9. Jahrhundert durch das europäische Festland und auf die britischen Inseln führten, hinterließen die Wikinger eine Spur des Todes und der Zerstörung. Plündernd und sengend zogen sie durchs Land. Wenn der Mensch des frühen Mittelalters das rauhe Geschrei der wilden Horden hörte, bekreuzigte er sich: ‹Domine, libera nos de furore Normannorum!› Die blühende irisch-keltische Zivilisation beispielsweise wurde von den Wikingern vollständig zerstört. Später ließen sich die ungebetenen Besucher in verschiedenen Regionen nieder – am bekanntesten ist wohl die Normandie – und gingen in der einheimischen Bevölkerung auf. Einer ihrer Anführer mit Namen Rollo wurde von Frankenkönig Karl III. gar zum Herzog der Normandie geschlagen und kämpfte gegen die eigenen Landsleute.

Es waren nicht nur pure Mordlust und Beutegier, welche die Wikinger zum Schrecken der westeuropäischen Völker machten. Auch die herkömmliche Erbfolge in ihrer Heimat trug zu den Raubzügen bei. Der erstgeborene Sohn erbte Macht und Besitz, die anderen gingen leer aus. Den jüngeren Söhnen blieb also nicht viel anders übrig, als in ihren schöngeformten, aber gefürchteten Schiffen auf Eroberung zu fahren. Verständlich, aber kein Trost für die Opfer... Auf den Shetlandinseln erinnert man sich noch heute an die wilden Gäste. Jährlich feiert man Up-hell-A: ein Fest zur Erinnerung daran, daß man vor rund tausend Jahren die Wikinger von den Inseln jagte.»

18 Nicht eine der dänischen Stabkirchen von einst hat überlebt, aber ihre Überreste fanden sich unter den Fundamenten der zahllosen weißgetünchten Steinkirchen in romanischem Stil, die zwischen 1000 und 1250 errichtet wurden.

Ungewöhnlich und einzigartig sind auch die erhaltenen festungsartigen Rundkirchen, die nicht nur als Andachtsstätten dienten, sondern den Gläubigen in Kriegs-

zeiten eine Zufluchtsstätte boten. Hinter zweieinhalb Meter dicken Mauern schützten sich die Einheimischen vor Mord und Plünderung.

Die Kirche von Horne ist eine der sieben erhaltenen Dänischen Festungskirchen: die einzige, die auf der Insel Fünen noch steht.

***19** Aus Anjas Tagebuch: «Nach der Langeweile der tellerflachen Ebenen der Insel Møn unter ihrem stumpfblauen Himmel sind diese eindrücklichen Kreideklippen geradezu eine Erlösung für unsere schönheitsdurstigen Seelen. Atemberaubend ist aber auch die Kletterei, wenn man nach mühelosem Abstieg die 120-Meter-Wand wieder in Angriff nehmen muß. Sicher, es gibt Stufen – aber trotzdem ...»*

***20** Bauernhaus bei Ebeltoft in Nordjütland.*

***21** Aus Anjas Tagebuch: «Die Inseln Ärø und Langeland dagegen sind wieder Hügelland. Besonders Ärø gilt im Frühling als wahres kleines Paradies. Durchquert man die Insel, so sieht man überall das Meer: bald links, bald rechts. Geschützt vor Wind und Sturm ducken sich überall die Puppenhäuser: halb Holz, halb Stein; gelb, rot oder weiß bemalt, mit fröhlich-bunten Fensterrahmen, Türen und Fensterläden.»*

***22** Aus Anjas Tagebuch: «Die Landschaft im südwestlichen Teil Jütlands ist langweilig und wenig eindrücklich. Man denkt an einen endlosen Golfplatz, auf dem in riesigen Abständen einige wenige Bauernhöfe stehen. Vom nie ablassenden Wind gekrümmte Bäume schützen die Häuser. Flaches Land ohne die Weiden, Pappeln und Entwässerungsgräben, welche anderswo die Monotonie der Wiesen mildern.*

Den Gegensatz bildet das nordöstliche Jütland: liebliche Landschaft voller Hügel im Grün der jungen Getreidefelder; zur Erntezeit werden sie wie lustige gelbe Flicke wirken.»

***23** Schloß Fredensborg auf Seeland. Frederik IV. gilt allgemein als der beste von Dänemarks Herrschern. Er griff aktiv und intelligent in die Regierungsarbeit ein und ließ sich das Wohlergehen seiner Untertanen angelegen sein. Ebenso interessierte er sich sehr für kulturelle Belange – am meisten für Architektur, die bereits die meisten seiner Ahnen fasziniert hatte. Daß er sowohl Versailles wie die italienische Architektur bewunderte, zeigt Schloß Fredensborg.*

Der im Jahre 1720 bei Hillerød erbaute Landsitz wird noch heute im Frühjahr und im Herbst von der königlichen Familie benützt.

***24** Bahnhof von Nyborg.*

Aus Anjas Tagebuch: «Für die dänischen Bahnen bildet der Große Belt ein unwillkommenes Hindernis. Keine Brücke und kein Damm überspannt ihn; die internationalen Züge übersetzen mit der Hilfe von Fähren. Wir sahen zum erstenmal hier in Nyborg zu, wie das gemacht wird, und waren überrascht, wie reibungslos und schnell die Züge verladen werden. Natürlich kostet der Bau einer Brücke oder eines Dammes eine Menge Geld, aber die Lösung mit dem Fährenbetrieb sieht auch nicht billig aus.»

***25/26** Saeby.*

Aus Anjas Tagebuch: «Die Fischauktion in Skagen beginnt um sieben Uhr früh. Kaum treffen die Fischerboote im Hafen ein, werden sie auch schon entladen. Die Fische sind bereits in Plastikbehälter abgefüllt, die man mittschiffs und im Vorderdeck aufgestapelt hat. Manche Fischerboote sind zu klein, um ihre Last zu fassen; vom Bug zum Heck sind sie vollgepackt mit diesen schmierigen weißen Plastikharassen – ein gräßlicher Anblick.

Sobald man die Kisten hochgehievt hat, füllt man sie mit Eis und bringt sie zum Auktionssaal. Dort kommt der Fisch unverzüglich unter den Hammer. Der Auktionator und die Käufer versammeln sich rund um den jeweiligen Fang. Der Auktionator ist ein hagerer kleiner Mann und äugt wie ein Falke nach den Bietern; sein kleiner Vogelkopf schnellt von links nach rechts, um ja kein Zeichen, kein kurzes Nicken, keinen Finger, der kurz Nase oder Ohr berührt, zu verpassen. Wieviel so ein Augenzwinkern doch aussagen kann!

Dann legen die Gehilfen des Auktionators eine Notiz mit dem Namen des Käufers auf jeden Haraß; der Fisch wird unverzüglich zu den wartenden Lastwagen gebracht. Die Gabelstapler surren wie fleißige Bienen durch die Halle; man brauchte Augen im Hinterkopf, um ihnen aus dem Weg zu gehen ...»

***27** Fischkutter bei Slettestrand am Skagerrak.*

Aus Anjas Tagebuch: «Wir übernachteten in einem Hotel am Meer und wurden heute Morgen von einem Rauschen geweckt: mehrere Dutzend Schwäne flogen vorbei. Wunderbar, wenn das erste Geräusch am Morgen von diesen großen Flügeln kommt! Noch immer im Halbschlaf, verliere ich mich in der Geschichte von Nils Holgersson, nur daß mich ein Schwan auf seinem Rücken trägt.

Aber dann wird unsere Seelenruhe empfindlich gestört. Um fünf Uhr nachmittags kommen wir am Strand von Blokhus in Nordjütland an und finden uns mitten in einem Chaos. Der reine Wahnsinn: der Strand dient als riesiger Parkplatz, und die Automobilisten lassen sich gleich neben ihren Wagen von der Sonne rösten, mitten in den Abgasen der Autos, Motorräder und Beach Buggies, die über die Strandpiste von Blokhus donnern. Die Straße entlang dem Meer weist sogar Verkehrsschilder auf und führt über 25 Kilometer weit nach Løkken.

Die Sonnenanbeter, die keinen Schritt von ihrem Auto weichen, um weder Schirm, Kühlbox noch Badeutensilien schleppen zu müssen, scheinen direkt einem Horrorfilm entsprungen. Picknick am Straßenrand im Sand!»

1 ▷

2

3

Café

5–10

11

12

13

14 ▷

16

17

20

◁ 19

21

22

23 ▷

DSB
1001
11
391

DSB
12
396

25

26

◁ 24

27 ▷

EIN DUFT NACH FRISCHEM TANNENREIS

Carl-Göran Ekerwald

Mein Heimatdorf liegt mitten in Schweden, in der Nähe des dreiundsechzigsten Breitengrades – also auf der gleichen Höhe wie Grönland, Kamtschatka oder Alaska. Das tönt eher kühl, aber dank dem Golfstrom im Nordatlantik und dank den meist aus Westen wehenden Winden ist das Klima milder als die geographische Lage vermuten läßt: die mittlere Januartemperatur beträgt minus acht Grad Celsius, diejenige für Juli vierzehn.

Ich habe es achthundert Kilometer weit bis zum nördlichsten Punkt des Landes – und genau gleich weit bis zum südlichsten.

Es ist September. Die Gipfel der Fjälls sind bereits weiß, das Laub im Birkenwald hat sich gelichtet. Die Elchjagd hat begonnen. Allein in meinem Heimatbezirk wird man fünftausend Elche erlegen. Die halbe Bevölkerung sitzt irgendwo draußen auf der Lauer, mit geladener Waffe. Die Jäger sind in Gruppen von fünf bis fünfzehn oder zwanzig aufgeteilt. Man führt Jagdhunde mit. Man hat Hochsitze errichtet – an den Rändern der Moore, wo die Elche durchziehen. Man verständigt sich per Funk. Die Elchjagd ist eine der wenigen kollektiv organisierten Tätigkeiten, die aus der Zeit der Dorfgemeinschaften von einst übriggeblieben sind. Früher war es so, daß die Bauern gemeinsam über Sägewerk und Mühle, Dreschwerk und Weideland verfügten. Erst in der Mitte des 19. Jahrhunderts wurde diese Lebensform zerstört. Der Staat erzwang eine Neuverteilung des bebauten Bodens. Größere Einheiten wurden Vorschrift; die Bauernhöfe rückten auseinander.

Hier mitten in Schweden gibt es auch recht viele Bären. In diesem Herbst haben die Behörden den Abschuß von neunzehn Bären erlaubt. Die Bären machen vor allem den Schafhaltern zu schaffen. In einer einzigen Nacht kann ein Bär Dutzende von Schafen reißen. Oft verscharrt er die Tiere in einem Moor – seine Vorratskammer.

Vor ein paar Tagen wurde eine Bärin geschossen, die hundertsiebzig Kilo wog. Sie hatte zwei Junge. Da sie fand, der Jäger komme ihr allzu nahe, ging sie zum Angriff über. Der Jäger wurde nervös; sein Schuß verwundete das Tier bloß. Die Bärin rannte ihn über den Haufen. Er blieb stocksteif liegen und stellte sich tot – in der Hoffnung, in Ruhe gelassen zu werden. Das wurde er auch, aber erst, nachdem er schwere Verletzungen an Schultern und Oberarmen erlitten hatte.

◁ ***28** Zug bei Karlstad auf der Strecke Karlstad–Göteborg*

Hier mitten in Schweden bleibt der Schnee von Mitte Oktober bis Mai liegen. Erst um den achtzehnten Mai herum sind die Seen eisfrei; zur gleichen Zeit kommen die Schwalben aus Ägypten zurück.

Die Eisdecke ist meterdick, hart und massiv. Die staatlichen Verkehrsbehörden lassen deshalb schnurgerade Eisstraßen über die Seen pflügen und mit Tannenreisbüscheln markieren, um den Verkehr auch im Winter aufrechtzuerhalten. Die Eisstraßen sind für Fahrzeuge bis zu einem Nutzgewicht von zwei Tonnen zugelassen.

Es ist ein herrliches Gefühl, bei leuchtendem Sonnenschein und strenger Kälte über meilenlange Eisfelder dahinzurollen. Noch abenteuerlicher gibt sich die Fahrt Ende März, wenn nach dem ersten Tauwetter das Eis mit Wasser bedeckt ist. Das Wasser kräuselt sich unter einzelnen Windstößen. Die Autoräder pflügen sich durchs Wasser, so daß es bis zum Wagendach spritzt. Das Eis schimmert jetzt blauschwarz unter der seidenglänzenden Wasserschicht. Man fühlt sich, als fahre man auf See Auto.

Die Eisstraßen spielen seit der heidnischen Zeit eine wichtige Rolle. Praktisch der ganze Verkehr wurde auf die Winterszeit verlegt. Könige, Bischöfe, Vögte – alles folgte mit Pferd und Schlitten den Wasserstraßen, die durch das langgestreckte Waldland führten. Und selbst beim Kriegführen zog man den Winter vor. Der größte Teil der Kriege, bei denen zwischen 1309 und 1718 Schweden auf der einen und Norweger sowie Dänen auf der anderen Seite sich in meiner näheren Heimat bekämpften, spielte sich im Winter ab. Die Truppen bewegten sich auf Skiern – Dokumente bezeugen dies bereits im Jahre 1564. Schnee und Eis ermöglichten einen schnellen Vormarsch – oder Rückzug. Man kämpfte sogar nachts, denn die Winternächte sind bemerkenswert hell, weil der Schnee das Licht der Sterne und des Mondes widerspiegelt.

Aber so hell wie die Sommernächte sind die Winternächte natürlich nie. Im Juni scheint die Nacht so etwas wie ein bewölkter Tag. Und nochmals dreihundertsiebzig Kilometer nordwärts, beim Polarkreis, geht die Sonne zur Mittsommerzeit überhaupt nicht unter.

Daß die Kommunikation in einem Land wie Schweden eine wichtige Rolle spielt, liegt auf der Hand. Das Land ist fast so groß wie Spanien, etwas größer als Kalifornien, aber unsere Bevölkerung – acht Millionen – ist kleiner als diejenige Belgiens. Zählt man in Westeuropa 153 Einwohner auf den Quadratkilometer, so beträgt die entsprechende Zahl für Schweden zwanzig. In meiner Heimatprovinz Jämtland sind es sogar nur drei.

Verteilte man die Einwohner hier über die Landschaft, so müßten sie laut rufen, um einander zu hören. Tatsächlich hat diese Tatsache im nördlichen Schweden zur Entwicklung einer speziellen Ruftechnik geführt, die noch heute von älteren Einwohnern beherrscht wird. Man wendet sie an, um die Kühe aus dem Wald nach Hause zu bringen oder sich mit seinen Kameraden zu verständigen. Man ruft mit lauter Stimme und läßt den Ton jedesmal in das Falsett kippen. Das nennt man dann *köjka* oder *kauka*. Wer im Wald einen solchen wilden Falsettschrei hört, fühlt sich fast in die Urzeit zurückversetzt – als sei der Unterschied zwischen tierischem und menschlichem Ausdruck plötzlich aufgehoben. Er erlebt ein Stück unverwüstlicher Natur, das sich intensiv in Erinnerung bringt.

Heutzutage braucht man nicht mehr zu rufen. Kein Land der Welt besitzt so viele Telefonanschlüsse wie Schweden – 370 auf tausend Einwohner. Draußen im dünnbesiedelten Land sucht man die Einsamkeit mit Hilfe des Fernsehens zu vertreiben. Nur Großbritannien hat prozentual gesehen mehr Empfänger.

Für den Transport von Waren und Personen konkurrenzieren sich private und staatliche oder kommunale Unternehmer. Heute gelangt das Nutzholz, das einst auf den großen Flüssen zur Küste geflößt wurde, praktisch ohne Ausnahme per Lastwagen an sein Ziel.

Schweden besitzt über siebentausend Kilometer Meeresküste – zum Finnischen Meerbusen, zur Ostsee, zu Kattegatt und Skagerrak –; entsprechend wichtig ist denn auch die Seefahrt. Das kann jeder feststellen, der im Sommer nach Stockholm kommt: am Kai in Söder sieht er die großen Eisbrecher *Atle* und *Ymer* liegen, die im Winter die Eisrinne zwischen Stockholm und Luleå im Norden offenhalten. Ein Eisbrecher in voller Fahrt – das tönt, als breche ein Gewitter los. Eisschollen türmen sich zu Bergen; es knackt, bricht und knistert. Der ganze Rumpf bebt – alles vibriert, von der Zahnbürste im Glas bis zu den Tischen im Speisesaal, wo sich der Schnaps in den Gläsern kräuselt. Aber es geht vorwärts, und eine ganze Armada von Handelsschiffen im Kielwasser bringt Öl, Lebensmittel und Baumaterialien.

Das Eisenerz aus den Gruben im Norden wird per Eisenbahn nach Narvik in Norwegen gebracht und dort verschifft, aber Handelsstahl und Roheisen nehmen den Weg über Luleå; weiter gilt es, Zellulose und Nutzholz in den Süden zu bringen. Die Eisrinne ist lebenswichtig.

Eisen und Stahl, Holz, Zellulose und Papier sind Schwedens wichtigste Exportartikel. Die politische Bedeutung von Eisenerz und Stahl wurde jedermann bewußt, als Hitlerdeutschland im Jahre 1940 Norwegen und Dänemark besetzte – dies in der Absicht, die Eisen- und Stahllieferungen zu den Rüstungswerken im Ruhrgebiet sicherzustellen. Daß Schweden – zusammen mit der Schweiz – als einziges Land Europas den Verwüstungen des Zweiten Weltkriegs entging, hängt mit dem Bedürfnis der Deutschen zusammen, ungestörte und kontinuierliche Lieferungen sicherzustellen. Die meisten Schweden verabscheuten das Hitlerregime, akzeptierten es aber, sich mit Eisen und Stahl freizukaufen.

Wer mit dem Flugzeug in einer unserer zwei größten Städte, Stockholm oder Göteborg, landet, stellt mit Erstaunen fest, daß sich große Wälder bis tief in diese Hauptstädte erstrecken. Reist man mit dem Auto oder dem Zug durch das Land: Wälder über Wälder, hier und dort das Blinken eines Sees oder eines Flusses durch die Baumstämme hindurch. Es gibt lichte Wälder mit hohen Kiefern, deren Rinde im unteren Teil violett, weiter oben orangefarben schimmert; es gibt dunkle Tannenwälder mit dicken Moosteppichen unter sanft geschwungenen Ästen. Der Wald macht dem Schweden keine Angst.

Ich erinnere mich, wie ich Emersons Concord in New England besuchte und zu Thoreaus berühmtem Walden Pond pilgerte. Entlang dem Waldrand warnten Schilder: «Das Betreten des Waldes geschieht auf eigenes Risiko.» Einer praktisch vollständig urbanisierten Bevölkerung erscheint der Wald als etwas Bedrohliches.

Für die Schweden bedeutet der Wald seit der Urzeit Schutz und Sicherheit. Aus dem Wald holte man sich Wildbret, um die hungrige Familie zu versorgen. Der Wald lieferte Brennholz, mit dem man sich warmhielt. Die Frauen stiegen im Winter in ihre Elchlederhosen, wenn sie zu den Ställen hinausstapften, um Kühe und Ziegen zu melken. Ihre Männer kleideten sich in Wolfspelze, wenn sie sich auf ihren mit Marder-, Hermelin- oder Eichhornfellen beladenen Schlitten auf große Handelsfahrt begaben.

Drohte der Krieg, so flüchtete sich das Volk in die Wälder. Man baute sogenannte Fehdehäuser – Blockhäuser aus groben Stämmen, die mit einer Palisade umgeben wurden. Und die Schanze, welche das Heer zur Verteidigung meiner Heimatprovinz aufführte, wurde im 17. Jahrhundert mit einer Palisade erweitert, die aus dreitausend Kiefernstämmen bestand – fünf Meter hoch und am oberen Ende zweiundzwanzig Zentimeter im Durchmesser. Näherte sich der Feind durch den Wald, so fällte man Bäume. Die Wipfel richtete man gegen den Feind, um das Weiterkommen von Truppen und Kanonen zu erschweren. Als der schwedische Wilhelm Tell, Gustav Wasa, zu Neujahr 1521 von den Dänen verfolgt wurde, flüchtete er sich in die Wälder. Und tief im Waldesinnern, im abgelegenen Dalarna-Bezirk, war es, daß die Bauern den Flüchtling aufnahmen und ihn baten, sie im Befreiungskrieg anzuführen.

Nicht der Freiheitsheld ist es also, der das Volk überredet – vielmehr bittet das Volk den Freiheitshelden, die Fahne des Aufruhrs zu hissen. So wurden denn in den Wäldern von Dalarna Zehntausende von Pfeilen aus Kiefernholz geschnitzt; die Armbrust dazu war aus Birkenholz. Aus den Wäldern holte man das Holz für die Kohlenmeiler; Holzkohle diente zum Beheizen der Hochöfen. In Dalarna, Västmanland, Värmland und Jämtland wie auch an anderen Orten gibt es sehr frühe Zeugnisse für die Eisenherstellung, wenn auch in primitiver Form. Moderne Karten verzeichnen die uralten Hütten von einst. In früheren Zeiten betrieb jeder Bauer seine eigene Hofschmiede, wo er nicht nur Hufeisen und Nägel, sondern auch Pfeilspitzen schmiedete.

Bedeutete der Wald also sehr viel für die Wirtschaft und die Selbständigkeit der Schweden, so darf man getrost behaupten, daß die technische Basis der schwedischen Demokratie das Eisen ist. Schon im 15. Jahrhundert saßen die Bauern im Reichstag – die Obrigkeit hätte nicht gewagt, sie auszuschließen. Die Bauern besaßen selbstverfertigte Waffen. Jedes Mal, wenn die Behörden versuchten, die Waffen einzusammeln und den Besitz von Waffen zu verbieten, wurden stracks neue geschmiedet. Bauernaufstände waren an der Tagesordnung.

Bis in die 1930er Jahre hinein dauerte die Kolonisierung der Waldgebiete im Norden. Beim letzten Vorstoß handelte es sich um einen Versuch, die Arbeitslosigkeit zu bekämpfen. Der Staat erteilte Kredite zum Ankauf von Land und zum Bau von Höfen und Ställen auf unerschlossenem Boden – dies besonders in den abgelegenen Teilen von Norrbotten. Mit dieser Politik legte die schwedische Sozialdemokratie den Grundstein zu ihrer praktisch ununterbrochenen, fünfzigjährigen Herrschaft. Die kleinen Arbeiterhöfe nannte man Per-Albin-Hütten – dies nach dem damaligen Premierminister Per Albin Hansson.

Auch wenn heute die großen Forstwirtschaftsunternehmen ihre Arbeit mit Hilfe von Computern und Lastwagen rationalisiert haben – eine Technik, die große Kahlflächen und Baumplantagen von abscheulicher Häßlichkeit mit sich bringt –, gleichen die schwedischen Wälder immer noch nicht den mitteleuropäischen Nadelholzplantagen. Über große Flächen hinweg zeigen sie sich noch als wildwachsende, ungezähmte Mischung von Tanne, Kiefer, Birke, Espe und Weide – alles von verschiedenem Alter, verschiedener Höhe und Stärke. Eulen und Spechte finden noch Nistplätze in toten Bäumen. Man stößt auf moosbedeckte, vom Sturm gerissene Lichtungen mit gewaltigen ausgerissenen Wurzelstöcken, und in der Senke, wo der Stock einst ruhte, nisten das Birkhuhn und der Auerhahn. Und im tiefsten Dunkel blüht eine kurzwüchsige, bescheidene kleine Blume, rosafarben und nach Mandeln duftend – die Linnaea borealis, das Moosglöckchen, so benannt nach Carl von Linné, dem großen Systematiker der Botanik, zusammen mit Emanuel Swedenborg wohl der international bekannteste Schwede.

In Tacitus' Buch über die Germanen findet man eine zweitausend Jahre alte erste Erwähnung der Schweden. Sie heißen hier *sviones.* Ihre Stärke – so Tacitus – liege vor allem «in Männern, Waffen und Schiffen... *praeter viros armaque classibus valent*». Diese *sviones* oder *svear* siedelten bereits im Mälartal – heute die am meisten entwikkelte Region des Landes mit Stockholm (1,5 Millionen Einwohner) als immer noch wachsendem Zentrum.

Der Name *Sverige* begegnet zum ersten Mal bei Beowulf, wo, um 900, von den *swiorice* die Rede ist.

Die schrittweise Expansion der Svear hängt ohne Zweifel zusammen mit der Seetüchtigkeit ihrer Schiffe und dem Zugang zu schiffbaren Gewässern. Stockholm liegt strategisch gesehen im Zentrum: dort, wo das Tal des dicht umsiedelten Mälarsees in die Ostsee mündet. Die davor liegenden Schären laden zum Weitersegeln ein. Weiter ostwärts stößt man auf Åland und die finnischen Schären. Einmal auf dieser Seite der Ostsee angelangt, folgten die Urschweden den russischen Strömen Newa und Dwina; sie schleppten ihre Schiffe über die Wasserscheide und folgten dem Dnjepr zum Schwarzen Meer und nach Konstantinopel, oder sie schifften auf der Wolga bis zum Kaspischen Meer. Über dreißigtausend Silberdirhems – persische Münzen – fand man auf Gotland und am Mälarsee; sie zeugen von der Ausbreitung des Handels. Die Wikingerzüge der Schweden in den Jahren 700 bis 1000 führten immer nach Osten; es waren norwegische und dänische Wikinger, die den Westen heimsuchten. Verschiedene Runensteine erheben sich über den Gräbern von Kriegern, die in *Särkland* fielen – also in den arabischsprachigen Ländern, wo die Männer im *särk,* im langen Hemd, gingen.

Seit dieser Zeit, und bis zum Ende des 18. Jahrhunderts, war die schwedische Außenpolitik nach Osten gerichtet. Den Weg hatte bereits Sankt Erik, der schwedische Nationalheilige, gezeigt: seine Kreuzzüge führten als eigentliche Eroberungszüge nach Finnland.

Daß Finnland zwischen dem 13. Jahrhundert und dem Jahre 1809 zu Schweden gehörte, während die Südprovinzen sowie Jämtland und Härjedalen im Norden erst im 17. Jahrhundert erobert wurden, beweist die Richtigkeit der Redensart, daß das Meer vereint.

Ursprünglich bevölkerten verschiedene Stämme das Land – jeder mit seinen eigenen Gesetzen. Noch heute zeigen sich die Unterschiede deutlich im Dialekt, in den Bräuchen und Eßsitten der verschiedenen Regionen. Skåne, Blekinge und Halland weisen in Sprache und Baustil immer noch dänischen Einfluß auf, während in Bohuslän, Jämtland und Härjedalen unverkennbar Norwegisches aufscheint. Die Bewohner von Gotland sind wie diejenigen von Småland ein Menschenschlag für sich. Im gesamten Torbedal im Norden spricht man finnisch. Im Innern von Norrland bis nach Härjedalen im Süden finden sich einzelne Gebiete mit Lappenbevölkerung – zusammen rund fünfzehntausend Menschen, von denen etwa zweitausend von Rentieren leben. Das Ren weidet im Winter in den Waldbezirken, im Sommer auf den Fjälls. Heute werden die Herden mit Hilfe von Scooters und Helikoptern überwacht.

Obwohl die Einwohner – sogar die mitsamt ihren Familien von Ort zu Ort ziehenden Beamten – sich ihrer regionalen Wurzeln bewußt sind, hat man es seit 1809 im großen und ganzen verstanden, die geographisch bedingten inneren Gegensätze abzubauen. Zwar darf nicht verschwiegen werden, daß die Minderheit der Lappen immer noch mit Nachdruck auf die Rechte pocht, die ihr in früheren Zeiten zustanden. Es geht hier vor allem um die Verfügungsrechte über Weideland für Rentiere, wo der Staat heute Wälder rodet, Kraftwerke und Straßen baut – Vorhaben, welche die Existenzgrundlagen der Lappen merklich gefährden.

Trotz all dem können die Schweden als ziemlich homogener Menschenschlag gelten – Jäger, Fischer und Bauern, also Freiluftmenschen, die sich seit 1945 zusehends in Stubenhocker verwandelt haben. Denn heute wohnen sieben der acht Millionen Einwohner in den großen Bevölkerungszentren. Und alle diese Opfer der Ballungszentren spüren eine nie nachlassende Sehnsucht nach der kleinen rotbemalten Hütte mit Vorgärtchen und Landungssteg im See. Wie läßt sich sonst erklären, daß jedermann, unabhängig von seiner gesellschaftlichen Stellung, versucht, sich eine Sommerhütte auf dem Land zu verschaffen, wo er die fünf Ferienwochen verbringen kann, die laut Gesetz jedem Bürger zustehen?

Als typisch für diese allesumfassende Rousseau-Gefolgschaft kann gelten, daß Schweden immer noch das sogenannte Allmendrecht *(allemannrätten)* kennt: es steht jedermann frei, über das Land zu wandern und Pilze oder Beeren zu pflücken – außer natürlich auf Privatgrundstücken. Mit Rücksicht auf die Bedürfnisse der Landwirtschaft und des Militärs herrschen gewisse Einschränkungen, aber im Prinzip gilt das Allmendrecht noch überall – ein Überbleibsel aus der Zeit der Dorfgemeinschaften.

Dörfer und Bauern findet man immer noch, aber ihre Zahl geht stetig zurück. Vor hundert Jahren arbeiteten neunzig Prozent der Bevölkerung in der Landwirtschaft – heute sind es drei Prozent. Eine riesige Umwandlung der gesamten Gesellschaftsstruktur hat stattgefunden.

Schweden war einst ein armes Bauernland. Um dem Hunger zu entgehen, emigrierte in den Jahren 1870 bis 1914 mehr als eine Million Menschen. Wer sich eine Fahrkarte nach Amerika leisten konnte, reiste über den Atlantik. Die anderen wurden von deutschen Agenten angeworben. Es war nichts Ungewöhnliches, daß im Verlauf von vierzehn Tagen in Lübeck dreihundert schwedische Mädchen und Burschen wie eine Handelsware an die Vertreter der Industrie verhökert wurden. In einer Kieler Papierfabrik arbeiteten vierzig schwedische Frauen – bewacht wie Gefangene in einem Arbeitslager.

Es war die europäische Hochkonjunktur vor dem Ersten Weltkrieg, welche auch in Schweden die Räder ins Rollen brachte. Erst kam ein Holzboom; die Sägewerkindustrie entlang der Küste von Norrland erlebte einen gewaltigen Aufschwung und mußte Arbeitskräfte aus dem Süden des Landes oder aus Finnland importieren. Mit dem Krieg kam der Eisenerzboom. In Mittelschweden entwickelte sich die Fabrikindustrie, und am Ende des Zweiten Weltkrieges hatte der Arbeiterstrom die Richtung gewechselt und floß jetzt von Nord nach Süd. Als wichtigster Faktor in diesem Zusammenhang ist zu nennen, daß Schweden vom Zweiten Weltkrieg verschont blieb – wir konnten das darniederliegende Europa mit Materialien für den Wiederaufbau versorgen.

So verwandelte sich das arme Bauernland von einst schrittweise in einen Industriestaat mit hohem materiellen Wohlstand. Aber in diesem Prozeß gab es nicht nur Sieger. Bauerndörfer in abgelegenen Gegenden, die vor hundert Jahren nach einer guten Ernte vor Wohlstand strotzten, führen heute ein bescheideneres Dasein. Bauernhäuser stehen leer; die Fenster sind mit Brettern vernagelt. Um Stall und Scheune wachsen Brennesseln, und auf den Äckern haben Weidebüsche Wurzel geschlagen. Den Bauern von einst, die sich mit Stumpfhacke und Schälmesser Neuland erkämpften, kämen bei diesem Anblick die Tränen.

Natürlich gibt es im Land auch arme und reiche Gemeinden. Der Bevölkerung der armen Dörfer ginge es noch schlechter, hätte nicht der Reichstag ein Ausgleichsgesetz verabschiedet, demzufolge die reichen Gemeinden einen Teil ihrer Einkünfte an die weniger privilegierten Gemeinden abgeben müssen. Trotz der sogenannten Robin-Hood-Verordnung versuchten die Behörden zu gewissen Zeiten, in ihrem Streben nach Vereinheitlichung die regionalen Gefühle, die lokale Kulturtradition zu unterdrücken. Heute unterstützt man Gott sei Dank die regionalen Besonderheiten auf verschiedene Arten – es ist nicht das Geld allein, das zählt.

Die gleiche Haltung zeigt sich in der schwedischen Kulturpolitik gegenüber den beinahe dreißigtausend Einwanderern, die unser Land jährlich aufnimmt. Die Kinder von Finnen, Türken, Chilenen, Polen usw. erhalten neben dem gewöhnlichen schwedischen Unterricht auch Stunden in der Sprache ihrer Eltern.

In den Großstädten zeigt sich Schweden als polykultureller, kosmopolitischer Staat. Wer auf dem Stockholmer Hötorget schlendert, wähnt sich mitunter plötzlich auf einem Marktplatz in Belgrad oder Athen.

In der vergangenen Zehnjahresperiode haben jährlich rund zwanzigtausend Ausländer die schwedische Staatsbürgerschaft erhalten – was dazu beiträgt, die Bevölkerungsziffer zu erhöhen, die ohne diesen Zuwachs erheblich langsamer anstiege: Schwedens Geburtenüberschuß gehört neben denjenigen von Dänemark, Ungarn und der BRD zu den niedrigsten Europas.

Als Voltaire im Jahre 1730 in seinem Buch über Karl XII. die Schweden zu beschreiben versuchte, schilderte er sie als eine Art nordischer Spartaner:

> Les Suédois sont bien faits, robustes, agiles, capables de soutenir les plus grands travaux, la faim, et la misère; nés guerriers, pleins de fierté, plus braves qu'industrieux, ayant longtemps négligé et cultivant mal aujourd'hui le commerce, qui seul pourrait leur donner ce qui manque à leur pays . . .

Voltaire interessierte sich sehr für Schweden. Während eines Besuchs bei der Marquise de Châtelet in der Champagne taufte er ihr Schloß Cirey in Cirey-Kittis um – dies nach dem Berg Kittis in Norrbotten, wo eine französische Expedition unter Maupertuis eine Meßstation errichtet hatte. Jetzt, als er das Leben von Karl XII. beschrieb, waren kaum zehn Jahre vergangen, seit Schwedens Status als europäische Großmacht zusammengebrochen war – ein Vorgang, der, nebenbei erwähnt, die schwedische Psyche kaum berührte. Zu Groß-Schweden hatten nicht nur die baltischen Staaten gehört, sondern auch Gebiete wie Vorpommern, von denen aus die polnische und deutsche Ostseeküste beherrscht werden konnte. Sogar das Land zwischen Elbe und Weser, das sog. Erzbistum Bremen, hatte sich in schwedischer Hand befunden; schwedische Truppen hatten sich während des Dreißigjährigen Krieges als regelrechte Großmacht aufgespielt, Süddeutschland verwüstet, einen Blitzkrieg gegen Dänemark gewonnen. Karl XII. hatte einen Feldzug nach Moskau angeführt – er, den die eigene Propaganda «das Glück des Volkes» nannte und der nur am strengen Winter des Jahres 1709 gescheitert war.

An all dies hatte Voltaire gedacht. Für ihn war es auch klar, daß der Westgotenkönig Alarich, der im Jahre 410 Rom einnahm und plünderte, aus Västergötland stammte.

Wie nimmt sich Voltaires Beschreibung aber heutzutage aus? Hunger und Armut existieren nicht mehr. Schweden gehört heute zusammen mit der Schweiz zu den reichsten Ländern der Welt – dies mit einem Bruttosozialprodukt, das bei 12 000 Dollar pro Kopf liegt. Die letzten schweren Hungerjahre liegen weit zurück: in den 1860er Jahren, als einzelne Arme Hungers starben.

Der Schwede ist kräftig gebaut und an harte Arbeit gewöhnt. Das stimmt immer noch. Neunzig Prozent aller dreißigjährigen Frauen ohne Kinder sind berufstätig – für Frauen mit Kindern zwischen sieben und sechzehn Jahren beträgt die entsprechende Zahl 89,5 Prozent. Bei den Männern erreicht die Prozentzahl praktisch hundert. Tatsächlich scheint der Schwede so gerne zu arbeiten, daß man von der gesetzlichen Arbeitszeitverkürzung auf 36 Wochenstunden, die in Westeuropa diskutiert wird, nichts hören will. Die Gründe, die man dort ins Feld führt – daß eine Verminderung der Wochenstunden neue Arbeitsplätze schaffe –, fallen in Schweden kaum ins Gewicht: hier gehörten die Arbeitslosenziffern in den letzten Jahrzehnten zu den niedrigsten der westlichen Welt.

Wir seien wenig unternehmungslustig und hätten den Handel vernachlässigt, behauptet Voltaire weiter. Das trifft wohl kaum zu. Die Wikinger betätigten sich über weite Distanzen als Sklavenhändler. Gustav Wasa sah die Bedeutung des Handels ein und trug dazu bei, das Handelsmonopol der deutschen Hanse im Norden einzuschränken. Die Nachfolger Alarichs betätigten sich in späteren Generationen als Hausierer; aus Dalarna kamen die Bänderfrauen – mutige Händlerinnen, die sich je zu zweit auf lange Wanderungen machten. Sie webten gemusterte Wollbänder auf eine Leinenunterlage und verkauften diese Hut- oder Kopfbänder in Dörfern und Städten, wo sie wiederum neues Rohmaterial einkauften. Ihre schmucken Bänder findet man noch heute überall – in Finnland wie in Rußland.

Was unsere Gegenwart betrifft, so stimmt Voltaires Behauptung erst recht nicht. Eine ganze Reihe staatlicher oder privater Betriebe hat heute internationale Anerkennung gefunden. Volvo stellt Autos her, Electrolux Kühlschränke und Asea elektrische Anlagen; Produkte dieser drei Großkonzerne findet man auf allen Kontinenten.

«Geborene Krieger», behauptet Voltaire. Aber die allfällig übriggebliebene Tapferkeit läßt sich nur schwer unter Beweis stellen – außer vielleicht auf dem Tennisplatz oder dem Eishockeyfeld. Seit dem Jahre 1814 sind die Schweden vom Krieg verschont geblieben. Damals eroberten sie Norwegen; 1905 wurde den Norwegern die Eigenstaatlichkeit kampflos zugestanden.

Finden sich kriegerische Tugenden bei diesem Volk, so vielleicht im ungewöhnlichen Maß an Disziplin, das es täglich unter Beweis stellt. Den Schweden verlangt man hohe Steuern ab – die höchsten der Welt –, und sie bezahlen. Veranlagt die Steuerbehörde ein Unternehmen, so hagelt es Proteste. Wird der einzelne zur Kasse gebeten, so wird nur wenig reklamiert. Das hängt wohl damit zusammen, daß sich die Mehrheit zur Ideologie der Gleichheit und der Solidarität bekennt – zwei Tugenden, die man wohl spartanisch oder soldatisch nennen kann (Lykurg läßt grüßen!). Die Steuern – so wird argumentiert – dienen dem Gemeinwohl: dem subventionierten Krankenhaus, der Zahnklinik, dem Altersheim. Hinzu kommen Kinderbeiträge, Baubeiträge, Gratisunterricht, Gratisverpflegung der Schüler unter neun Jahren usw.: das soziale Fangnetz ist gut ausgebaut.

Der Schwede verhält sich dem Staat gegenüber loyal – teils aus einem angeborenen Gefühl für Disziplin, teils wegen der Mitbestimmung des Volkes in Regierungssachen. Und hatten wir vorübergehend selbstherrliche Könige – so etwa Karl XI. oder Gustav III. –, so stand das Volk zumindest zeitweise den unterdrückten Adligen zur Seite.

Einige der geläufigsten Familiennamen in Schweden sind Andersson, Pettersson, Eriksson. Vor dem Riddarhuset in Stockholm – dem einstigen Versammlungsort des Adels, neben dem Schloß das schönste Gebäude der Stadt – steht eine Statue des Königs, der die Schweden mit Zuckerbrot und Peitsche zu einer Nation zusammenschweißte: Gustav Wasa. Aber Gustav Wasa führte just einen dieser so gewöhnlichen Bauernnamen: Eriksson. Auf dem Sockel, der den Freiheitshelden mit seinem Prophetenbart trägt, steht geschrieben: «Gustav Eriksson Rex». Hier steht ein König mit Namen Eriksson; das wäre Schmidt in Deutschland, Dubois in Frankreich oder Jones in England.

Die Königsmacht war im Schweden von einst im Volk verankert. Die Königswürde wurde nicht vererbt – das bewaffnete Volk *wählte* den König. Und einige der Gesetze von einst schrieben gar vor, für den Fall, daß ein König den Volksrechten zu nahe trete, sei es die Pflicht des Volkes, sich zu erheben und den König zu stürzen. Weigerte sich ein Bauer, an einem solchen Aufstand teilzunehmen, so brannte man seinen Hof nieder – und die Bewohner verbrannten mit. Am Aufstand teilzunehmen gehörte unter Umständen zu den Bürgerpflichten.

Die Schweden haben sich im Verlauf der Zeit der Könige zu entledigen gewußt, die ihnen nicht paßten. Gustav Wasas Enkel Sigismund, Katholik und König auch über Polen, wurde bei einem bewaffneten Aufstand gestürzt. Karl XII. wurde mit größter Wahrscheinlichkeit von seinen eigenen Männern umgebracht: sie hatten genug von über zwanzig Jahren Krieg und sehnten sich nach Frieden. Gustav III. wurde erschossen, nachdem er Louis XVI. militärische Hilfe gegen die französischen Revolutionäre zugesagt hatte. Auch Gustav IV. wurde abgesetzt – dies im Jahre 1809 und aufgrund seiner Untauglichkeit: eine Armee marschierte auf Stockholm, der König wurde des Landes verwiesen, seine Privilegien abgeschafft. Das Land erhielt seine erste moderne, demokratisch orientierte Verfassung, die sich auf Montesquieus Lehre von der Gewaltentrennung stützte. Worauf man einen von Napoleons hervorragendsten Marschällen zum Thronfolger wählte – Bernadotte, den Bewunderer des Philosophen Fichte. Dieser schloß auf der Stelle ein Bündnis mit dem alten Erzfeind Rußland und richtete eine Belohnung an die am Mordkomplott gegen Gustav Beteiligten aus. Auch der heutige König Schwedens stammt aus dem Geschlecht der Bernadotte – nur daß seine Befugnisse verglichen mit denjenigen seines Urahnen höchst begrenzt sind.

Die genannte Verfassung aus dem Jahre 1809 enthält eine politische Neuschöpfung, die noch zu unserer Zeit anderen Ländern zum Vorbild gedient hat (so etwa England und der Schweiz): das Amt des Ombudsmannes. Dieser vom Reichstag gewählte Beamte ist die Klageinstanz der Allgemeinheit gegenüber den Behörden.

Das allgemeine Stimm- und Wahlrecht für Männer wurde 1909, dasjenige für Frauen 1921 eingeführt. Die breiten Volksmassen haben mehr Einfluß auf die

Geschicke des Landes, als der traditionelle Parlamentarismus zuläßt. Auf der Seite der Arbeitspartner, der Konsumenten oder der Bauern beispielsweise, ist das schwedische Volk nämlich in den *folkrörelse,* mächtigen Volksverbänden, organisiert – man spricht geradezu von *folkrörelse-Sverige.* Jede Volkskategorie verfügt über ihre eigene Organisation – die Mieter und die Wehrpflichtigen, die Homosexuellen und die Abstinenten, die Invaliden, Automobilisten, Pensionierten usw. Alle diese Organisationen, die, pyramidenartig auf Gemeindeebene aufbauend, dem Staat als Konsultationsorgane für neue Gesetze dienen, treten handkehrum als Pressure Groups gegenüber dem Staat in Erscheinung. Die Kongresse jagen sich; hitzige Diskussionen werden geführt. Was bei diesem umfassenden Meinungsbildungsprozeß herausdestilliert wird, bildet nicht selten politischen Sprengstoff. Löhne und Preise etwa werden im allgemeinen auf dem Verhandlungsweg festgelegt.

Es läßt sich kaum leugnen – dieses disziplinierte und durchorganisierte Volk hat eine zutiefst kollektivistische Ader. Das Gefühl für Solidarität ist in Fleisch und Blut übergegangen, auch wenn es sich selten auf spektakuläre Weise äußert – große Worte und pathetische Gesten liegen dem Schweden nicht. Aber zu gewissen Gelegenheiten bricht das Gefühl der Zusammengehörigkeit mit aller Macht hervor – so etwa beim Mordanschlag auf Olof Palme im Frühling 1986. Keine Behörde brauchte die Landestrauer auszurufen – das Volk selbst hatte in aller Stille die spontane Trauer befolgt.

Auf meines Vaters Seite sind meine Ahnen seit dem 17. Jahrhundert Soldaten, Torfstecher und Bauern – auf meiner Mutter Seite Soldaten, Fischer und Bauern. Alle wohnten sie rund um den dreiundsechzigsten Breitengrad. Man könnte denken, so hoch im Norden sei das Land erst spät erschlossen worden. Aber steinerne Kirchen und Wehrtürme aus dem 12. und 13. Jahrhundert zeugen davon, daß Schwedens geographische Mitte keinesfalls außerhalb der Reichweite der europäischen Kulturströmungen lag. Die Erzbischöfe aus Uppsala, die im 14. Jahrhundert ihre Kontrollreisen bis in den hohen Norden unternahmen, hatten in Paris oder Bologna studiert. Von einem Kirchentreffen, das im Jahre 1314 im französischen Vienne stattfand – dort, wo heute die Autobahn Lyon–Valence der Rhône entlangführt –, haben sich Akten erhalten, die zwanzig Kirchgemeinden meiner Heimatprovinz aufführen. Die Kirchgemeinden gibt es noch.

Wie rasch eine Ideologie Verbreitung fand, geht auch daraus hervor, daß Olov Skötkonung rund ums Jahr 1000 getauft wurde – in Husaby, nördlich von Skara in Västergötland – und daß nur wenige Jahrzehnte später siebenhundert Kilometer nördlich die Heiden sich taufen ließen, wie dies ein Runenstein auf der Frösö in Jämtland festhält.

Das schwedische Wappen trägt das Zeichen des Kreuzes – was allerdings nicht dazu verleiten sollte, die Schweden für frömmer zu halten als andere Völker. Emanuel Swedenborg etwa war der Meinung, seine Landsleute seien im Vergleich zu anderen mit geistiger Stumpfheit geschlagen.

Es scheint, daß praktische und diesseitige Rücksichten sehr oft das Verhältnis der Schweden zur offiziellen Religion geprägt haben. Nachdem die Wikingerzüge vorbei waren, baute man den Pelzhandel mit Deutschland und England aus. Hier war es von Vorteil, wenn man nicht als unbelehrter Heide galt – also streifte man den alten Väterglauben an Odin, Thor oder Freia ab und wurde Katholik. Als der Staat nach den Befreiungskriegen gegen Dänemark Geld brauchte, verstaatlichte man mit einem Reichstagsbeschluß des Jahres 1527 Kirchen und Klöster und brach mit dem Papst in Rom. Jetzt herrschte überall Luthers Lehre – nur daß die Wirtschaft dabei den Ausschlag gegeben hatte und nicht die Botschaft Luthers. Es gab auch keine großen Auseinandersetzungen beim Übergang zur neuen Konfession. Die Heiligenbilder wurden aus den Kirchen getragen und verbrannt. Nur in wenigen bekannten Fällen hielt eine Gemeinde am katholischen Ritus fest, baute heimlich eine Kapelle tief im Wald, wo Hilfesuchende zu ihren Schutzheiligen beten konnten.

Aber im allgemeinen dominiert beim Umgang mit der Religion die Vernunft; in vielen Fällen müssen religiöse Fragen als Vorwand für politische Entscheide herhalten – so etwa, wenn die Schweden im Jahre 1629 in den Dreißigjährigen Krieg eingreifen und Stellung gegen den Kaiser und Wallenstein beziehen. Man pocht auf religiöse Fragen, aber man handelt nach realpolitischen Gesichtspunkten – was nicht zuletzt daraus hervorgeht, daß man sich mit dem Erzkatholiken Richelieu verbindet.

Als Ironie des Schicksals erscheint es fast, wenn die Tochter des Realpolitikers Gustav Adolf II. sich dem Katholizismus zuwendet – Königin Christina, die Thronerbin, die unter dem Einfluß ihres Bibliothekars, des Philosophen Descartes, zum alten Glauben zurückfand und ihrer Krone entsagte. Aber Christina bildet in dieser Hinsicht doch eher eine Ausnahme. Dem Schweden liegt es nicht, extreme Beschlüsse zu fassen; er ist kein Fanatiker. Über seiner Art zu denken liegt etwas Kühles und Durchsichtiges – als sei der März die Jahreszeit zum Denken.

Bezeichnend denn auch, daß Swedenborg, unser größtes Genie im religiösen Bereich, eine Grundhaltung vertritt, die in ihrem Kern so frei von Zwang und Fanatismus ist, daß sie als einzigartig gelten kann: je nach den innersten Vorlieben und Neigungen eines Menschen findet dieser im zukünftigen Leben zu seiner Erfüllung. Jeder aufrichtige Wunsch wird hier Wirklichkeit: der Betrüger wird in Ewigkeit sitzen, in Kassenbüchern radieren und seine Mitmenschen betrügen; der Zuhälter wird sein Leben zwischen den Wänden eines Bordells verbringen; wer seinen Mitmenschen Gutes tun will, wird bis in alle Ewigkeit darin seine Freude finden.

Und über seine Besuche in Himmel und Hölle wie über seine Sehergabe überhaupt, für die sich Kant so brennend interessierte, sagte Swedenborg selbst, all dies sei ihm zuteil geworden, ohne daß er darum gebeten oder sich auch nur im geringsten angestrengt hätte: alles war ganz einfach ein Geschenk von oben. Keine Spur von Fanatismus – im Gegenteil: alles kühl, distanziert, als habe die Vernunft die Herrschaft über die Ekstase noch nie verloren.

Dieser rationale Grundzug zeigt sich bei den Schweden auch in der Leichtigkeit, mit der sie Traditionen über

Bord werfen, sobald sie keinen Sinn mehr darin erblicken. Es ist rational, daß beide Ehegatten im Erwerbsleben stehen – also bringt man die Kinder im Tageshort unter (mehr als hunderttausend Kinder zur Zeit). Es ist rational, Äcker und Höfe zu großen Betrieben zusammenzulegen, auf denen sich Platz für einen modernen Maschinenpark findet – also ernennen die Behörden jemanden, der Käufe und Verkäufe nach den Regeln des Marktes tätigt. Es ist rational, die freie Berufsausübung für Ärzte einzuschränken, wenn es sich erweist, daß diese dazu neigen, in den Großstädten zu bleiben, während die dünnbesiedelten Gebiete ohne ärztliche Versorgung bleiben. Also führt man trotz der Proteste der Ärzte eine Zwangsordnung ein; das Gemeininteresse steht vor privatem Gewinnstreben. Es ist rational, wenn man einer staatlichen Firma das Monopol für den Import und die Verteilung von alkoholhaltigen Getränken gibt – und dies aus verschiedenen Gründen: der Staat erhält zusätzliche Einkünfte, hat andererseits eine gewisse Kontrolle über den Alkoholverbrauch und kann dank diesem System so große Quantitäten einkaufen, daß die Lieferanten für hohe Qualität und annehmbare Preise sorgen müssen. Also organisiert man den Alkoholverkauf auf diese Art – mit einer staatlichen Kette, die überall auf dem Land verteilt ihre Filialen hat. Der alte Brauch, daß jede Familie ihr Bier selbst braute, ihren Schnaps selbst brannte, ist praktisch überall verschwunden. Es ist weiter rational, wenn man das Land in relativ großen und wirtschaftlich lebensfähigen Gemeinden organisiert – also macht man aus zweitausendfünfhundert kleineren Gemeinden, deren Wurzeln zum Teil bis ins Mittelalter zurückreichen, zweihundertneunundsiebzig moderne Großgemeinden: die Tradition muß weichen, selbst wenn damit die Demokratie auf Gemeineebene geschwächt wird.

Der eindeutige Entscheid für die Kernkraft – im Verhältnis zur Bevölkerungszahl hat Schweden die höchste Reaktordichte Europas – hat ebenso mit diesem streng vernunftmäßigen Denken zu tun wie die rund dreißigtausend Abtreibungen, die man im Land jährlich vornimmt. Für den Frieden zu kämpfen ist klug. Klug ist aber auch, Waffen zu verkaufen. Also tut man beides – und ist doppelt klug.

Selbstverständlich trifft man die hier beschriebenen Tendenzen auch in anderen Ländern, aber es ist wohl nicht verfehlt zu behaupten, die Schweden zeigten einen höheren Grad von Effizienz und Direktheit als anderswo, wenn es um Rationalisierungsfragen geht.

Es ist eine alte Weisheit, daß augenscheinlich vernünftige Maßnahmen die unerwartetsten Konsequenzen nach sich ziehen können – nicht zuletzt bei der Umwelt. Schweden kennt Probleme mit der Abfallentsorgung, der Luftverschmutzung, mit Antibiotika in Lebensmitteln, mit allzu hohem Stickstoffgehalt im Boden usw. Gleichzeitig setzt man aber sein Vertrauen auf technische Lösungen, die den Optimismus am Leben halten.

Immerhin: bereits Gustav Wasa hatte in seiner Abschiedsrede vor dem Reichstag die Worte geprägt: «Die Schweden sind schnell beim Einwilligen und langsam beim Untersuchen» – Worte, die heute eine Wand seiner Grabkammer im Dom von Uppsala zieren. Man stimmt einem Projekt zu, ohne sich das Ganze gut zu überlegen – gutmütig und unkritisch, wie Gustav Wasas Worte vor vierhundert Jahren lauteten. Hoffentlich haben wir uns in dieser Hinsicht gebessert.

Wer strikte auf dem schnurgeraden Weg der Vernunft marschiert, hat auch einen Preis zu bezahlen. Ein gewisses Traditionsdefizit macht sich bemerkbar. Kein anderes Land Europas ist so amerikanisiert wie Schweden. Infiltration der Sprache durch Amerikanismen. Unterhaltungsliteratur und -musik genauso wie das Fernsehen werden durch Einflüsse aus den USA dominiert. Das echt Volkstümliche ist verdrängt.

Natürlich kann man all dies auch als positive Internationalisierung werten. Von einer echten Internationalisierung kann allerdings keine Rede sein – die Einflüsse kommen vor allem aus dem Westen, und in den Westen geht der größte Teil der schwedischen Exporte.

Trotzdem macht Schweden nicht bei der Europäischen Gemeinschaft mit, ebensowenig bei der NATO. Schweden ist ein dünnbesiedelter, äußerlich umfangreicher Landstrich zwischen zwei Supermachtblöcken. Es verteidigt seine Neutralität mit aller Schlauheit, die es aufbringt – es gilt, nicht allzu schnell zu sein beim Zustimmen und nicht allzu langsam beim Abwägen. Wir wollen nicht am Gängelband geführt werden.

Doch auch die bestbewahrte Neutralität bewahrt Schweden nicht vor Schäden, die jenseits seiner Grenzen angerichtet werden; das erzählen die von den Abgasen der westeuropäischen Industrieballungen geschädigten schwedischen Wälder, das erzählen, nach Tschernobyl, die verseuchten Böden im nördlichen Mittelschweden.

Allzuviel Rationalität und Disziplin gefährden aber auch Gefühl und Intuition – es braucht hier eine Art emotionelles Sicherheitsventil. So gibt es denn auch Anlässe, wo die ganze Nation Dampf abläßt – zur Mittsommernacht etwa oder zur Walpurgisnacht. Man kann geradezu von einem Rückfall in heidnische Traditionen sprechen, und das zentrale Thema dieses Heidentums ist der Alkoholkonsum. Manche Schweden lassen sich bei diesen Riten regelmäßig vollaufen – und zwar nicht mit Wein wie in den Mittelmeerländern oder mit Bier wie in Deutschland oder Dänemark. Hier trinkt man gebrannte Wasser, und die Vorlieben sind die gleichen wie etwas weiter östlich: Wodka unter wechselnden Namen wie Renat, Absolut, Koskenkorva ... Einige Tage lang geht es auf Fest- und Campingplätzen hoch zu und her; die Polizei hat alle Hände voll zu tun. Aber dann geht alles wieder zur gewohnten Tagesordnung über.

Hier findet sich also trotz allem eine gewisse Neigung zum Extrem, zum Über-die-Schnur-Hauen. Besonders von den Norrländern heißt es, sie würden mitunter jegliche Kontrolle verlieren – der große Grubenstreik in Norrbotten (1969) mag dafür als Beispiel dienen. Auch das Glaubensbekenntnis, das der Pfarrer von Karesuando, Lars Levi Laestadius, in den 1840er Jahren formulierte, führte die Ekstase in seinem Programm. Wenn dem Sünder seine Sünden verziehen waren – was konnte er da Besseres tun, als vor Freude zu springen und zu jauchzen?

Dieses frei strömende, ekstatische Glück hat der Künstler Bror Hjorth in seinem großen mehrfarbigen Holzrelief in der Kirche von Jukkasjärvi festgehalten – sie liegt knapp südlich des achtundsechzigsten Breitengrades, nicht weit von Kiruna. Auf der einen Seite – da ist das Leben schwer, Jesus trägt unter flammendem Nordlicht sein Kreuz, das so schwer lastet, als sei es aus Granit gehämmert; von der Dornenkrone tropft das Blut. Auf der anderen Seite kommt der Geist «wie ein Sturmwind vom Himmel und fegt alle Sünden weg»: eine Lappenfrau in ihrer farbenprächtigen Tracht macht hohe Luftsprünge. Sogar ihre Augen scheinen zu lachen – nichts mehr auf dieser Erde ist schwer.

Im Zusammenhang mit der Verbindung von Ekstase und Rationalität bleibt doch nachzutragen, daß Erweckungsprediger Laestadius auch als international anerkannter Botaniker galt und als korrespondierendes Mitglied der Akademie der Wissenschaften in Stockholm zeichnete. Auf Bror Hjorths Relief trägt er die große Goldmedaille der Botanischen Gesellschaft Frankreichs.

Man hat darüber spekuliert, ob die Menschen im nördlichen Schweden einem emotionell leichter erregbaren Menschenschlag angehörten als beispielsweise die phlegmatischen Bewohner von Skåne. Vielleicht aber weckten auch die Hungerjahre des letzten Jahrhunderts und die Tuberkulose, die die kalten und zugigen Hütten noch bis in die 1940er Jahre heimsuchte, bei den Überlebenden ein solches Maß an Dankbarkeit und Freude, daß es ihnen schwerfiel, ihre Gefühle für sich zu behalten.

Über die nordische Schwermut in Bildender Kunst und Dichtung ist viel gesprochen und geschrieben worden, und sicher existiert sie auch. Aber mir erscheint sie – vor allem auf schwedischem Boden – immer als akademisches Phänomen, als Eigentümlichkeit gewisser Kreise, in denen Pessimismus als vornehmer gilt denn Optimismus. Tatsächlich würde ich die spezifisch schwedische Tonart – wenn man denn überhaupt in solch allgemeinen, überindividuellen Kategorien sprechen will – eher mit «hell und trotzig» umschreiben.

Dafür liefert der Ahne aller schwedischen Barden, Georg Stiernhielm, ein prächtiges Beispiel. Der Dichter, der u. a. auch für Königin Christinas Hof schrieb, zeichnete sich durch seine Fähigkeit aus, seine Landsleute mit Späßen und Scherzen zu lehren, ihre Kümmernisse und Sorgen aus einer gewissen Distanz zu betrachten. Als einst das Schiff, das ihn von Estland nach Gotland brachte, Schiffbruch erlitt und sich Passagiere wie Besatzung völlig durchnäßt, frierend und verzweifelt am Strand versammelten, heiterte Stiernhielm seine Leidensgenossen mit Späßen und Sprüchen auf, bis sie ihre Niedergeschlagenheit vergaßen. Sein berühmtestes Gedicht, das heute noch auf den Gymnasien gelesen wird, schildert Herkules am Scheideweg – bald lockt Frau Tugend, dann wieder Frau Wollust. Das Thema verlockt zum Moralisieren, aber Stiernhielm bringt soviel gute Laune in die Sache, daß sich der Leser tatsächlich für Frau Tugend entscheidet – und sei es nur, weil Stiernhielm für sie plädiert und man in Gesellschaft des Dichters bleiben will. Und wenn sich die Schweden heute für eine Art von Rationalität aufgeschlossen zeigen, die auf höherem Niveau liegt als die bloße Gewinnsucht, so hat sich diesbezüglich bereits Stiernhielm als Wortführer hervorgetan, wenn er «die Sonne der reinen Vernunft» pries.

Der meistgeliebte Dichter von heute ist ohne Zweifel Evert Taube. Jeder Schwede weiß ein paar Strophen oder Zeilen aus seinen Liedern auswendig. Taube schaut dem Volk aufs Maul; er schreibt einfach, quasi-naiv, intim. Niemand hat so wie er den schwedischen Traum vom idealen Sommer eingefangen – und dies in aufmunterndem Ton, im Sinne Stiernhielms: «Fort mit Molltönen und Kopfhängerei!»

Als eines der wichtigsten Ereignisse im schwedischen Kulturleben kann der Druchbruch der *statarskola* – eigentlich: Tagelöhnerschule – in den 1930er Jahren gelten. Hier wirkten Autoren wie Moa Martinson, Jan Fridegård, Ivar Lo-Johansson und viele andere. Diese Autoren läuteten eine neue Epoche ein. Bisher hatten die schwedischen Schriftsteller – mit wenigen Ausnahmen – einen bürgerlichen Hintergrund aufzuweisen gehabt. Voraussetzung für den Schriftstellerberuf, glaubte man, war das Studium der Literaturgeschichte. Das Milieu, das diese gutausgebildeten Autoren schilderten, war dasjenige, aus dem sie selbst stammten. Schrieben sie ausnahmsweise über die Welt des Proletariats, so geschah das «von oben».

Und hier meldete sich plötzlich eine ganze Reihe von Autoren zu Wort, die selbst in den untersten Gesellschaftsschichten gelebt hatten – als Grubenarbeiter, Handlanger und Fabrikarbeiter. Die Wochenzeitschrift *Folket i bild* – der Titel («Volk im Bild») nennt das Anliegen – verbreitete ihre Texte unter Menschen, die für Bücher kein Geld übrig hatten. Die neue Schule machte der Allgemeinheit eine soziale Wirklichkeit bewußt, von der man bis dahin nichts hatte wissen wollen, und sie hielt ihre Leserschaft, weil ihre Autoren mit so viel Kraft, Klarheit und Authentizität schrieben.

Man darf die Behauptung wagen, daß die in der schwedischen Gemeinschaft fest verankerten Ideale der sozialen Gerechtigkeit, der Gleichheit und der Solidariät direkt oder indirekt ihre Leuchtkraft und Deutlichkeit dank dem Wirken der *statarskola* erhalten haben. Politische Wirkung zeitigte das Werk dieser Autorengruppe, als im Jahre 1946 die alte Landarbeiterverordnung abgeschafft wurde – ein System, das vor allem in Mittelschweden auf den großen Gutshöfen geherrscht hatte. Hier hatten Landarbeiter in völliger Abhängigkeit vom Gutsherrn gelebt – mit niedrigen Löhnen, die zum Teil in natura vergütet wurden, so daß dem Lohnabhängigen alle Möglichkeiten verbaut waren, eine neue Existenz zu wagen.

Bei Carl Jonas Almqvist, dem ersten Realisten der schwedischen Literatur, der 1866 als Emigrant in den USA starb, findet sich eine Stelle, die für mich die Quintessenz alles Schwedischen enthält. Kvast-Lisa, die Besenlise, hat auf dem Hötorget in Stockholm Tannenreis und Besen verkauft und liegt jetzt auf dem Sterbebett. Man fragt sie nach ihrem letzten Wunsch in diesem Leben, und sie antwortet: «Wenn ich noch einmal den Duft von frischem Tannenreis atmen könnte . . .»

Frisches Tannenreis – nun sicher, daran kann man sich halten.

BENDEX
Åk 1 klass hur mycket du vill.
1 vecka för 750 kr
veckor för 1.250 kr.
Gäller 16/6–17/8.

Doppelstockwagen der Schwedischen Staatsbahnen (SJ) in Malmö.

Containerterminal der SJ im Hafen von Malmö.

Güterwagen auf dem Weg zum Hafen stoppen für einen Moment den Verkehr in Hälsingborg.

Vorhergehende Seite:
Im Bahnhof von Eskilstuna in Mittelschweden pfeift der Vorstand seinen Bahnkunden: «Fahre 1. Klasse, soviel du willst. 1 Woche für 750 Kronen, zwei Wochen für 1250 Kronen.»

CONDITORI

Verschiedene Ebenen für den öffentlichen Verkehr in Stockholm: Staatsbahn (oben) und «Tunnelbana» (Untergrundbahn, unten).

Die strategisch günstige, verkehrstechnisch jedoch schwierige Lage von Stockholm auf mehreren Inseln zwischen Mälarsee und Ostsee zwingt die verschiedenen Verkehrsträger immer wieder, die Ebenen zu wechseln.

Zwei Vorortszüge kreuzen sich im Vorfeld des Stockholmer Hauptbahnhofs.

K-KONSULT
PROJEKTERAR

Schiff überquert Fluß: Ausflugsboot auf dem Dalsland-Kanal bei Håverud.

Gegenüberliegende Seite: Vier Bahnhofszenen.

Oben links: In Arvidsjaur, Norrbotten, mustern Passagiere das Angebot der Bahnsteigverkäuferin.

Oben rechts: In Östersund, Jämtland, besteigen für die nordschwedische Wildnis wohlgerüstete Wanderer und Camper den Zug nach Vilhelmina und Gällivare.

Unten links: Zugshalt in Mellerud am Vänersee in Värmland.

Unten rechts: Ellok vom Typ El. 16, erbaut von ASEA, auf der Ofotbahn.

24
STORLIEN

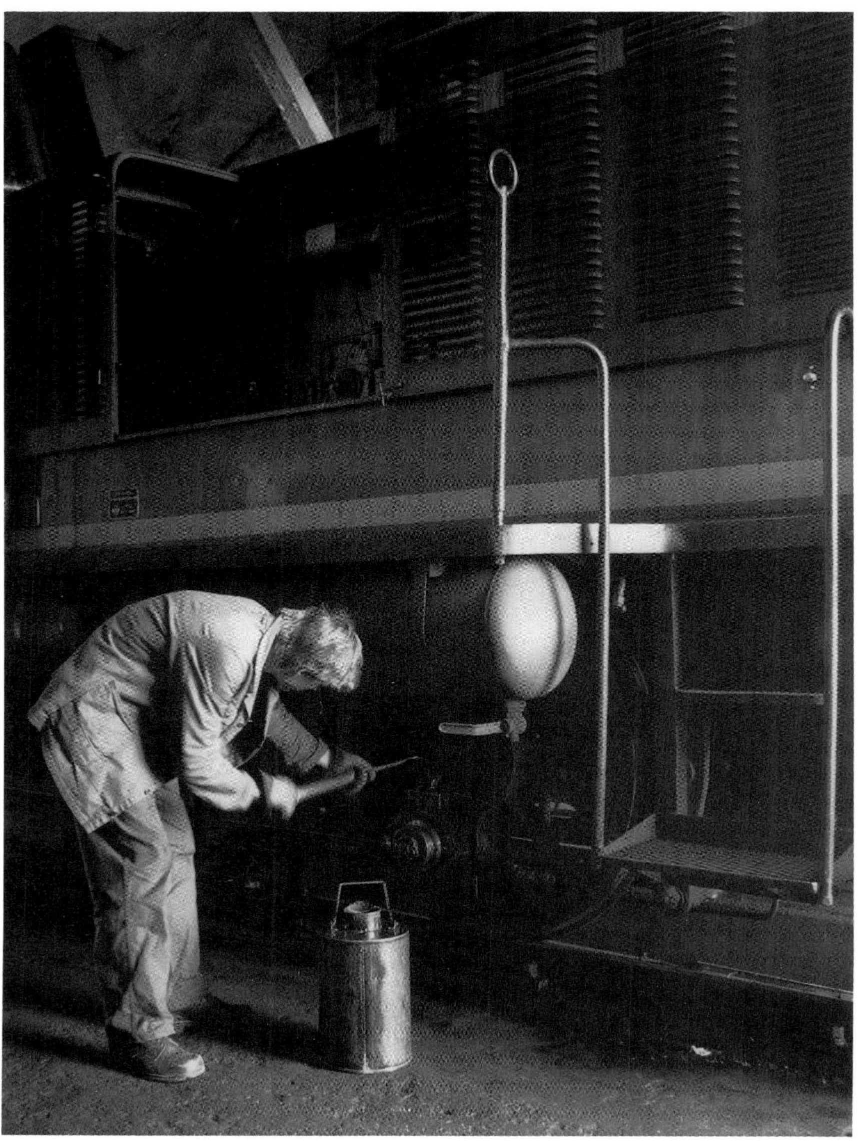

Zugschef eines der großen, bis Dänemark durchgehenden Reisezüge in Luleå; dieses Zentrum der Holzindustrie und Stahlherstellung, Erzverschiffungshafen, liegt am Bottnischen Meerbusen auf 65° 40′ nördlicher Breite.

Gegenüberliegende Seite.
Oben rechts: In Boden, Norrbotten, besteigt eine Lokomotivführerin ihre Rangierlokomotive.

Unten: Gelockerte Stimmung in einem der großen Nord-Süd-Reisezüge.

Folgende Doppelseite:
Ein Erzzug der Ofotbahn windet sich durch die spätwinterliche Wildnis bei Björkliden nahe der norwegischen Grenze in Richtung Narvik. Er ist bespannt mit einer DM 3-Drillingslokomotive (1'D+D+D1'). Noch häuft sich der Treibschnee an den hölzernen Schneegalerien; im Hintergrund der See Torneträsk.

Gegenüberliegende Seite.
Oben links: Das Entern des letzten Wagens bietet Zusteigenden in Porjus bei Gällivare etliche Mühe.

Oben rechts: Auf zum Skiplausch (aufgenommen im Bahnhof von Björkliden).

Unten links: Letzte Kontrolle. Ist die Ladung auf dem Güterwagen schnee- und sturmsicher verpackt und verstaut?

Unten rechts: Ein Personenzug auf der Ofotbahn Kiruna–Narvik, bespannt mit einer Rc 4 in einer vereisten Galerie bei Björkliden.

Im Falle der Zug trotz aller Vorkehrungen dennoch steckenbleiben sollte . . . (Dieseltriebwagen vom Typ Y 1 aufgenommen in Arvidsjaur).

Oben links: Schweißarbeiten an den Gleisen der Ofotbahn in der Umgebung von Kiruna.

Oben rechts und unten: Holzverlad am Bahnhof von Gällivare.

Gegenüberliegende Seite: Hinter Björkliden donnert ein schwerer Erzzug aus einer Schneegalerie in Richtung Narvik. Jeder Erzwagen faßt 35 t.

Folgende Seite: Fahrt durch das schwedisch-norwegische Hochland bei Björkliden.

__29__ Die Stockholmer Altstadt. Erst um die Mitte des 17. Jahrhunderts wurde Stockholm zur ständigen Residenz der schwedischen Könige. Bald wuchs die Stadt an der Mälarmündung zum künstlerischen Zentrum des Nordens heran. Vom Königshof berufene Künstler aus Holland, Deutschland und Frankreich gaben den Ton an. So entwarfen etwa die Gebrüder Jean und Simon de la Vallée aus Frankreich viele Paläste und Kirchen, ebenso der holländische Baumeister Joost Vingboons, während die Erbauer des Königspalastes in Drottningholm, Nikodemus Tessin der Ältere und der Jüngere, aus Deutschland stammten.

Der schwedische Hof holte die führenden Baumeister der Epoche in den Norden, und der schwedische Adel schloß sich ihm an. Nicht nur in Stockholm, sondern in allen Teilen des Landes erhielten die zugereisten Künstler Aufträge für den Bau von Schlössern und Landhäusern. Mitunter arbeiteten sie Hand in Hand. So zeichnen die Gebrüder de la Vallée gemeinsam mit Vater und Sohn Tessin für Schloß Skokloster in Sigtuna verantwortlich. Joost Vingboons und die de la Vallées entwarfen in enger Zusammenarbeit das «Riddarhuset» (Ritterhaus) in Stockholm – ein Gebäude von ausnehmender Schönheit, das den Gipfelpunkt der holländischen Renaissance darstellt.

__30__ Die schwedische Metropole dehnt sich über 14 Inseln hinweg aus und beherbergt heute rund ein Sechstel der schwedischen Gesamtbevölkerung.

__31–34__ Aus Anjas Tagebuch: «Eine Melodie summend spaziere ich durch die Straßen. Nach neun Tagen Regen zeigt sich seit gestern die Sonne wieder. Die Stadt scheint wie für ein unaufhörliches Fest erbaut – alle diese Paläste und die vollbesetzten Cafés auf den sommerlichen Boulevards! Von überall her kommt Straßenmusik. Die Schweden verstecken ihren Wohlstand keineswegs. Das Land ist eines der wohlhabendsten der Welt, und seine Bewohner kleiden sich gut, mit viel Phantasie. Die Frauen bewegen sich selbstbewußt, und die Männer geben sich lässig, wagen mitunter auch mal ein buntes Hemd.»

__35__ Küstenstrich nördlich von Göteborg. Gott sei Dank lieben Schweden und Norweger ihre Landschaft – sie haben nämlich eine ganze Menge davon. In Schweden zählt man zwanzig Einwohner auf einen Quadratkilometer; etwa die Hälfte der Schweden lebt in den großen Städten oder ihrer Nachbarschaft. Land in Hülle und Fülle – und manchmal von ausnehmender Schönheit.

__36/37__ Göteborg ist der größte Hafen Schwedens, und die Werft von Arendal gilt als modernste der Welt. Zur Bedeutung Göteborgs trägt bei, daß der Hafen dank dem Einfluß des Golfstroms praktisch ganzjährig eisfrei bleibt. Göteborg kann sich zudem rühmen, die sonnigste aller Städte nördlich der Alpen zu sein.

Erst 1621 erhielt Göteborg das Stadtrecht; die Dänen befürchteten, ihre nördlichen Nachbarn würden sich die Vorherrschaft über das Kattegat anmaßen.

__38–41__ Stilleben aus der toten Saison im nördlichen Halland und südlichen Bohuslän. __38:__ Badepier unweit Hälsingborg. __41:__ Badehäuschen bei Smågen.

__42__ Warten auf den Vater (am Bahnhof von Strömstad in Nordbohuslän).

__43__ Gleisanlagen und Rangierareal hinter dem Hauptbahnhof von Malmö.

Aus Anjas Tagebuch: «30. Mai 1985: Eine Woche Sonne genügt, und alles was wächst, beginnt zu blühen. Kerbel, Obst- und Kastanienbäume, rund um die Gärten der Flieder mit seinem betäubenden Duft. Löwenzahn und Raps wetteifern, wer das gelbere Gelb aufweise.

Die Sonne scheint, und plötzlich scheint nichts begehrenswerter als ein Platz im Boulevardcafé oder eine Sitzbank, von wo aus man die buntgekleidete Menge vorbeiwogen sieht.»

Aus Anjas Tagebuch: «Schwedens südliche Provinzen Skåne und Blekinge bestehen aus riesigen Weizenfeldern und Wiesen, in denen der Löwenzahn leuchtet, als wolle er es der Sonnenblume gleichtun. Gesäumt werden Äcker und Wiesen von stillen Birkenwäldern, in denen sich manch hundertjähriger Baum findet.

Wie ich unseren Wagen mit den holländischen Nummernschildern in Malmö parkiere, ruft mir eine Passantin fröhlich zu: ‹Wenn die Holländer in Malmö auftauchen, dann ist der Frühling gekommen!›

Tatsächlich – der zählebige Winter ist vorbei, und die Leute sehnen sich nach der Sonne. Besonders die Frauen tun sich hervor: bereits Mitte Mai, bei zehn Grad Celsius und Nieselregen, tragen sie die dünnsten Sommerkleider spazieren, nur um ja nicht vom Spaß an der neusten Mode ausgeschlossen zu bleiben.

Rosa Blütenblätter bedecken Gehsteige und Straßen, und die Passanten atmen den belebenden süßen Duft tief ein.»

__44__ Schiffsförmiges Wikingergrab (ca. 400–600 v. Chr.) bei Blomsholm in Bohuslän. Das Grab ist 42 Meter lang.

Im Gegensatz zu den dänischen und norwegischen Wikingern, deren Beutezüge zu den Inseln der Nordsee und nach Westeuropa führten, wandten sich die Wikinger Schwedens, die Waräger, nach Osten. Sie wagten sich weit nach Rußland vor, drangen schließlich bis nach Anatolien und Arabien vor. Im Laufe der Zeit lernten sie, ihre Schiffe zu demontieren und neu zusammenzusetzen, so daß sie diese auf den Landstrecken zwischen Seen oder Flüssen auf Rollen mitschleifen konnten.

Hauptziel dieser mühseligen und gefährlichen Züge war die Erschließung neuer Handelsquellen. Sklaven, Felle und andere Artikel wurden gegen die Silberwaren, Gewürze und Seidenstoffe des Ostens getauscht – die großen Mengen zeitgenössischer arabischer Silbermünzen, die man in Schweden ausgegraben hat, sind untrügliche Zeugen dieser Handelsbeziehungen.

Ein arabischer Autor der Epoche hielt über die Wikinger fest: «Ihre einzige Beschäftigung ist der Handel mit Zobel-, Eichhorn- und anderen Fellen, die sie allen Kaufwilligen anbieten. Sie sind mutig und tapfer. Wenn sie mit einem anderen Volk im Kampf stehen, geben sie kein Pardon, bis sie den Gegner vollständig vernichtet haben; sie plündern die Besiegten und machen sie zu Sklaven. Sie sind gut gewachsen und schön zu beschauen, ebenso kühn im Kampf; nur fehlt ihnen die Kühnheit zu Pferde, da sie alle Kämpfe vom Schiff aus austragen.»

45 *Bronzezeitliche Felszeichnungen (1500–500 v. Chr.) in Vitlycke, Bohuslän.*

46 *Runenstein aus dem Jahr 1000 v. Chr. in Uppsala.*

47 *Runenstein aus dem Jahr 1000 n. Chr., der Wikingerzeit, in Lund.*

Aus Anjas Tagebuch: «Seit frühester Zeit haben die Menschen mit Hilfe von Zeichnungen, Hieroglyphen oder Steinen, die sie auf bestimmte Weise plazierten, ihre Götter geehrt, ihren Ahnen oder bestimmten historischen Ereignissen ein Denkmal gesetzt.

Die ersten Götter, denen man im Skandinavien der Urzeit opferte, waren Tiergötter. Die ältesten Felszeichnungen von Tieren, zu denen sich abstrakte Symbole gesellen, reichen bis in die Zeit von 6000 v. Chr. zurück.

Aus der Bronzezeit – 1500–500 v. Chr. – haben sich Felszeichnungen erhalten, die neben Rentieren oder Elchen auch Schiffe, Kreise und menschliche Figuren zeigen. Die Kreise symbolisierten wahrscheinlich die Sonne, die der Mensch der Bronzezeit anbetete. Die menschlichen Figuren zeigen riesige Dimensionen. Meist sind sie mit Axt oder Speer ausgestattet – vielleicht ein Hinweis auf die Götter, die Donner und Blitz beherrschten.

Die späteren Generationen bedeckten die Steine mit Runen – meist Zaubersprüche gegen böse Geister oder zum Gedenken an Heldentaten und Reisen in unbekannte Länder. Dieser Brauch erhielt sich bis zum Ende der Wikingerära um das Jahr 1100 n. Chr.»

48 *Deckenfresken in der im 11. Jahrhundert erbauten Kirche von Östra Vemmerlöv in Skåne; die Fresken selbst stammen aus dem 15. Jahrhundert.*

49 *«Ales Stenar» bei Kåseberga. Die Grabsteine gehen in die Eisenzeit (ca. 500 v. Chr.) zurück.*

Als die Gletscher der letzten Eiszeit aus Südschweden verschwanden und das Klima entsprechend milder wurde, kamen die ersten Menschen. Bis jetzt weiß man wenig über diese ersten Einwanderer um 6000 v. Chr., außer daß es sich um Fischer und Jäger handelte.

Um 3000 v. Chr. wurden die ersten Siedlungen mit landwirtschaftlichem Charakter gebaut: die Ankömmlinge hatten die Getreideaussaat und das Halten von Haustieren erlernt.

Um 500 v. Chr. begann in Schweden die Eisenzeit. Man konnte schwerere und leistungsfähigere Pflüge herstellen; das Leben wurde erträglicher, sobald man der Umwelt das erste bißchen Komfort abrang. Kunde von der Existenz dieser Völker im Norden drang bis nach Griechenland. Griechische Seefahrer landeten an der Küste und brachten Berichte über das seltsame Land der Suiones nach Hause: hier setze man dem Häuptling Grabsteine in Form eines Schiffes. Von der nordischen Sonne hieß es: «Ihre Strahlen bleiben zwischen ihrem Untergang und Aufgang so hell, daß sie die Sterne verblassen lassen.»

50 *Schon zur Wikingerzeit, um 900 n. Chr., nahm die Insel Gotland eine wichtige Stellung ein: Hier führte der Handelsverkehr zwischen Osten und Westen durch. Die Stadt Visby, im 12. Jahrhundert gegründet, erreichte schon nach wenigen Jahrzehnten den Gipfelpunkt ihres Ruhms. Als einer der wichtigsten Stützpunkte der Hanse wuchs sie zur mächtigen und wohlhabenden Stadt heran. In dieser Zeit entstanden im Auftrag der reichen Handelsleute auch ihre herrlichen Kirchen. Natürlich sollten sie Gottes Ruhm verkünden – aber ein bißchen waren sie auch ihrer eigenen Pracht wegen da.*

Siebzehn Kirchen barg die verhältnismäßig kleine Stadt des 13. Jahrhunderts in ihren Mauern – heute bleiben noch ihre eindrücklichen Ruinen. So sprichwörtlich war der Reichtum der Bürger von Visby, daß eine zeitgenössische Lübecker Chronik behauptete, in Visby fräßen selbst die Schweine aus silbernen Trögen.

51 *So wie überall in der westlichen Welt haben sich auch im Norden die Mächtigen um die Macht gestritten. Manch ein König – unter ihnen Erik XIV., Johann III. und Gustav Adolf IV. – schmachtete für kürzere oder längere Zeit in den Kerkern von Schloß Gripsholm.*

Das Schloß wurde im 14. Jahrhundert durch den Statthalter Bo Jonsson Grip erbaut. Zwei Jahrhunderte später übernahm es König Gustav Wasa und baute es zu seiner Residenz um.

52–54 *Szenen aus Mittelschweden.* ***54:*** *Briefkästen des Dorfes Tegelstrand bei Fjällbacka in Nordbohuslän.*

Aus Anjas Tagebuch: «Nach einer Woche voller Sonne bricht plötzlich der Sommer herein; die Bäume sind dicht belaubt, und die Blätter tragen ein häßlich stechendes Grün zur Schau. Die Blumen tun ihr bestes, um das matschige Grün der Gegend mit einer Vielfalt von Farben zu beleben.

Sommergrün und Wärme erfreuen die meisten Menschen, aber für Paul, den Fotografen, ist es vorbei mit dem Glanz der Frische und Ursprünglichkeit. Doch der Sommer bringt andere Reize, auch wenn die Fotografen schimpfen. Mit ihm kommt eine herrliche Schläfrigkeit – ein sattes, dickes Blätterdach, das Schatten und Kühle verspricht. Endlich kann man die Augen wieder öffnen: unter diesem grünen Blätterhimmel, der vor dem stechenden Licht der Sonne schützt.»

55 Passagierschiff auf dem Götakanal bei Ljungsbro. Im Jahre 1832 kam der Bau des Götakanals zum Abschluß. Der Kanal verbindet Stockholm und Göteborg für den Personen- und Frachtverkehr – eine für die damalige Zeit wirtschaftlich äußerst wichtige Verbindung. Er mißt insgesamt 191 Kilometer, wovon 87 Kilometer künstlich angelegt wurden. Wegen des Höhenunterschieds zwischen Väner- und Vättersee weist er zahlreiche Schleusen auf. Die größte Anlage überwindet eine Höhendifferenz von 36 Metern, dies mit sechs aufeinanderfolgenden Schleusen.

Heute dient der Götakanal vor allem dem Touristenverkehr. Im eigenen Boot zu reisen, ist ein unvergeßliches Erlebnis. Man kann aber auch auf einem Passagierboot von einem Ende zum anderen gelangen – eine wundervolle, gemächliche Fahrt, die drei bis vier Tage dauert.

56/57 Sonnenaufgang und Sonnenuntergang über dem Siljansee: alles innerhalb von drei Stunden.

58 Hochebene bei Ljungdalen.

Aus Anjas Tagebuch: «In diesem Land der Wälder und Seen brauchen die Schwalben bloß regungslos in der Luft stehenzubleiben und mit offenem Schnabel die Mükken aufzufangen. Seit Wochen ergötzen wir uns jede Nacht am Gesang einer Nachtigall. Voller Wonne liege ich in meinem Zelt, gemütlich in meinen Schlafsack gehüllt, und lausche dem Solokonzert dieses Vogels, der kein Ende findet.

16., 17. und 18. Juni: Wir befinden uns im Herz Schwedens. Wolkenlose Tage, Temperaturen weit über dreißig Grad. Die Schweden bereiten sich auf das Mittsommerfest vor: mit freudigen Gesichtern, mit Birkenzweigen an Hauswänden, Kirchen, Autos und Fahrrädern, mit Kränzen von Birkenzweigen auf dem Kopf.

Am Morgen des längsten Tages – er fällt heuer auf den 20. Juni – ist das Wetter niederschmetternd schlecht: grauer Himmel, ein bissiger Wind aus Nordwest, und das Thermometer zeigt am Mittag keine zehn Grad. Der Gedanke setzt sich fest, daß ab morgen die Tage wieder kürzer werden, daß die Sonne weniger hoch steigt, daß der lange, unvermeidliche Winter auf uns lauert.»

59 Eine aufregende Art, die Ferien zu verbringen: ein Floß zu mieten und sein Zelt darauf zu installieren. Man vergesse sein Angelgerät nicht, denn man muß sich seine Nahrung selbst besorgen. Man läßt das Floß gemächlich den Klarälv hinuntertreiben. Tagelang genießt man das Wechselspiel des Lichts über dem Wasser und die Hügel von Värmland. Rundum Bäume, deren Äste ins Wasser hängen. Sie begleiten den Gast auf seiner Reise, bis der Fluß in den Vänersee mündet.

60 Der Wasserfall Ristafallet bei Hålland in Jämtland.

61 Der Klarälv ist einer der wenigen Flüsse, auf dem immer noch Stämme geflößt werden.

62 Der Kall-See (Kallsjön) in Jämtland.

Aus Anjas Tagebuch: «Fünf Tage rund um Mittsommer sieht es aus, als sei der Herbst bereits eingezogen, aber plötzlich kehrt der Sommer zurück. Die Temperatur steigt wieder auf dreißig Grad, und der Himmel ist so blau, daß man sich an der Côte d'Azur wähnt.

Wir sind in der Nähe der Grenze zu Lappland. Da Mittsommer vorbei ist, sollten die Tage eigentlich kürzer werden, aber da wir uns in Richtung Norden bewegen, werden sie länger und länger. Noch ein paar Tage, und wir erleben das Wunder: eine Sonne, die auch nachts über dem Horizont bleibt.

Noch ein Glücksfall: der Frühling scheint nicht aufzuhören. Noch und noch freuen wir uns über Blumen, die eben erblühen. ‹Ein wahres Herrenleben für die Kamera›, wie Paul sagt.»

63–65 Aus Anjas Tagebuch: «Bäume, Bäume und nochmals Bäume. Angenommen, jemand lebt hier, der Bäume haßt!

Man könnte Schweden durchqueren, ohne den Boden zu berühren: von Baum zu Baum, vom Süden bis zum Norden.

Bäume: das grüne Gold. Der Reichtum Schwedens. Nach Kanada ist Schweden der größte Holzlieferant der Welt. Rund 84 Prozent der Wälder sind Nadelholz. Diese langweiligen Föhren und Fichten! Jedes Jahr fällt man rund sechzig Millionen Kubikmeter, wovon rund die Hälfte zur Papierherstellung dient.

Weltweit gesehen verwendet man das meiste Holz als Brennholz, wie seit eh und je – rund vierzig Prozent. An zweiter Stelle folgt das Bauholz, rund 32 Prozent, und ein rundes Viertel der Weltproduktion dient der Papierherstellung.»

66 Erzzug im Seen- und Sumpfgelände zwischen den Gruben und dem Bahnhof von Kiruna.

Um die Jahrhundertwende wurde die Eisenerzförderung in Kiruna neu organisiert; bis 1902 war der Bau einer Bahnlinie nach Narvik abgeschlossen. Eine Bahnverbindung drängte sich auf, da die Meerhäfen im Norden Schwedens im Winter durch Eis blockiert sind, während der Hafen von Narvik ganzjährig offen bleibt.

Während vieler Jahre galt diese Bahnlinie als nördlichste der Welt; heute ist sie noch die nördlichste elektrifizierte Linie der Erde (67° 53′ bis 68° 26′ N).

Die Erzgruben von Kiruna gelten als die reichsten Minen der Welt (Magnetit mit 60–70% Eisengehalt). Spezielle Erzzüge bringen das Eisenerz entweder nach Luleå am Bottnischen Meerbusen oder dem norwegischen Narvik. Rund 27 Millionen Tonnen gehen jährlich nach Narvik, in Luleå zählt man jährlich neun Millionen Tonnen.

67 Die Umgebung von Kalix in Norrbotten.

68 Kiruna. Wohnhäuser von Zechenarbeitern vor Schlackenbergen; sie erinnern an den Tagbau, der hier um 1900 betrieben wurde. Später ging man zum Stollenbau über.

69 Kiruna.

Aus Anjas Tagebuch: «Der Tag dehnt sich über Wochen hinweg aus, Stunde um Stunde, und hat die Nacht weit über den Horizont hinausgedrängt. Wir befinden uns hoch über dem Polarkreis. Es ist ein besonderes Erlebnis, um Mitternacht in einem Buch zu lesen, ohne ein Licht anknipsen zu müssen. Aber das Tageslicht raubt uns den Schlaf: wir bleiben viel länger wach als gewöhnlich. Nicht zuletzt weil es eine wahre Freude ist, bei diesem besonderen Licht zu fotografieren.»

70 Hochebene bei Stekenjåkk in Lappland. Die ersten zwei Silben von Stekenjåkk bedeuten «stechen».

Aus Anjas Tagebuch: «Unsere ganze Reise durch Schweden ist für mich eine Angelegenheit der Haßliebe. Der Haß betrifft in erster Linie die Mücken, diese schrecklichen, summenden Minidüsenjäger, die ununterbrochen angreifen. Wir haben uns gegenseitig den Krieg erklärt.

Hat jemand je eine Lobeshymne auf die Stechmücke geschrieben?

Dagegen die unerwartete Lieblichkeit eines Sees, der überraschend vor unseren Augen auftaucht: ein Wunder nach den endlosen Stunden in den erstickenden Kiefernwäldern. Die Schönheit dieser Hochebenen, die mir den Atem raubt und sich für immer auf meine Netzhaut festsetzt: ein Anblick, der nie verblassen wird, den ich mein Leben lang lieb und teuer halten werde.

Für immer in dieser Hochspannung zwischen Lebensfreude und Verwünschungen schweben zu müssen... Eine schwedische Dame erzählt mir, daß oft manches Jahr vergeht, bis sie einen ungetrübten Sommerabend im Garten, ohne Stechmücken und ohne Kälte, erleben.»

71/72 Aus Anjas Tagebuch: 2. April 1986: «In der vergangenen Nacht hat es stundenlang geschneit. Wir reisen von Björkliden bei Abisko nach Gällivare im Herzen von Schwedisch-Lappland. Himmel und Erde – alles ist weiß, so daß es ohne die paar Bäume unmöglich wäre, den Horizont auszumachen. Auf den gefrorenen Seen stehen Dutzende von hölzernen Hütten. Darin, so erzählt man uns, sitzen die Fischer und angeln durch ein Loch, das sie ins Eis geschlagen haben. Es soll gemütlich und warm sein, in diesen Hütten: eine Art Ofen, der für Wärme sorgt, heißer Kaffee und Sandwiches. Irgendwie hat man die Hütten gut verankert, denn nach einer stürmischen Nacht wie der letzten hätte der Wind eine unbefestigte Hütte quer über den See geschoben.

In Gällivare fällt uns nach dem Nachtessen, etwa um zehn Uhr, eine Autokolonne auf, die fast im Schrittempo durch die Straßen fährt. Wir sind neugierig, woher die Leute kommen, und suchen nach einem Theater oder Kino, das eben seine Pforten schließt – vergeblich. Schließlich fragen wir einen Jungen auf der Straße und erhalten folgende Antwort: ‹In Gällivare ist es Brauch, daß man vom Donnerstag bis zum Samstag abends ein bißchen ausfährt, rund um ein paar Blöcke kurvt, um gesehen zu werden und ein bißchen Ausschau zu halten. Mädchen wie Jungen klemmen sich hinters Steuer, auf dem Rücksitz hat man eine Kiste Bier bereit, und so kreuzt man sich in entgegengesetzter Richtung.›

Ein Brauch? Seit wann? Und wie hielten es die Eltern oder Großeltern dieser Jungen, wenn sie aufs andere Geschlecht Eindruck machen wollten? Mit dem Fahrrad, zu Fuß, per Schlitten? Die ganze Parade gleicht dem abendlichen paseo in Spanien, wo die Jungen auf der esplanada auf- und abgehen, um sich zu begucken.

Am nächsten Morgen teilt die Zeitung fröhlich mit: ‹Noch 78 Mal schlafen bis Mittsommer!› Draußen tobt ein Schneesturm. Während unserer ganzen Reise nördlich des Polarkreises meldete die Zeitung immer wieder, wieviel Nächte weit weg Mittsommer liege...

3. April: Wir setzen unsere Fahrt nach Arvidsjaur fort; der Zug besteht aus einem einzigen Wagen. Die Landschaft ist äußerst langweilig: flach, ein paar Föhren auf beiden Seiten der Bahnlinie; das weiße Winterkleid macht sie auch nicht anziehender. Meist bedeckt Schnee die Schienen, und der Zug scheint sich blindlings ins Unbekannte vorzutasten.

Ab und zu halten wir an, um ein Rentier passieren zu lassen. Die erschreckten Tiere springen vom Bahndamm und landen bis zur Brust im tiefen Schnee.

Wie wir uns Jokkmokk nähern, wird die Landschaft über ein paar Kilometer weg etwas lebendiger. Zwischen den Bäumen liegen riesige Felsblöcke. Mit ihren Mützen aus Schnee sehen die Felsen sehr geheimnisvoll aus: Riesen, die sich kauernd vor dem Schnee ducken. Aber dann ist das Hügelland auch schon vorbei; wieder herrscht die Langeweile. Etwa 1200 Kilometer solcher und ähnlicher Landschaft ziehen in drei Tagen an mir vorbei. Verschneite Weihnachtsbäume; es fehlen bloß die Kerzen...

Wir müssen in Arvidsjaur übernachten, da es im Winter keine direkte Verbindung nach Östersund gibt. Nur im Sommer führt die Inland-Bahn durchgehend Züge von Gällivare (67° 10′ N) nach Östersund (63° 10′ N), die einen Tag für die Strecke benötigen.»

73 Erztransport im stiebenden Schnee bei Björkliden zwischen Kiruna und Narvik.

YMER
ATLE

AFTONBLADET AFTONBLADET
Drick RAMLOSA
LIPTONS TE
InterCity
InterCity

InterCity

Först

32

33

34

36

EKFORS
DONSÖ
Stena Line
PADDAN
8

39

40

41

42

43 ▷

MAGNUS STENBOCK
10
SÖLVESBORGS
GRÄVMASKINER AB

45

47

46

48

50

52

53

54

55 ▷

JUNO
JUNO

56

57

59

60

61 ▷

63

64

65

67

68

71

72

331

NORWEGEN IN DER WELT

Gunvald Opstad

Norwegen ist die Hauptstadt von Stockholm!

Aber nein, das stimmt nicht! Doch gerade dies ist es, was Ausländer von Zeit zu Zeit behaupten. Deswegen ist es meine erste Aufgabe, zu erläutern, worin wir uns hier oben in Skandinavien voneinander unterscheiden, was denn Norwegen ist und was es nicht ist.

Gutes altes Norwegen!

Soeben heimgekehrt von einer Rucksackreise durch Südamerika, komme ich in meine Heimatstadt, aus der ich stamme, erleichtert, nicht mehr Tag und Nacht mit dem Rucksack auf dem Schoß sitzen zu müssen, aus Angst, daß er gestohlen oder mit Rasierklingen aufgeschlitzt werden könnte.

Pub heißt der Treffpunkt, obwohl wir uns in Norwegen befinden.

Tellford Pub lautet der vollständige Name jedoch, und zwar nach einem schottischen Ingenieur, der seinerzeit den Kaledonien-Kanal in seinem Heimatland baute. Die Wände sind mit schottischen Kiltmustern bedruckt, und in der Ecke wird mit Wurfpfeilen gespielt.

«Caledonien» heißt das Hotel, in dem sich der Pub befindet. Aber den Namen kann es auch nach einer ausländischen Schute erhalten haben, die hier im Meer gestrandet ist.

Heute liegt ein anderes Schiff draußen, die voll aufgetakelte «Sørlandet», eines der drei noch existierenden Segelschiffe von Format in Norwegen. Sie spiegelt sich in einer Ölbohrplattform, die ein wenig weiter draußen im Meer liegt, quer gegenüber der Autofähre nach Dänemark. Auf der Straße oberhalb ist ein Jugendlicher für mehrere soziale Zweck aktiv: «Zieht nach Schweden und bekommt Platz im Kindergarten!»

Kristiansand heißt die Stadt. Sie wurde nach dem Renaissancekönig Christian IV. genannt, der sie gründete.

Viel Ausländisches auf einmal, wahrhaftig!

Aber wir sind in Norwegen! Wir sind so völlig in Norwegen! Denn dort, am äußersten Eingang, ungeschützt vor dem Straßenverkehr draußen, offen der ganzen Welt gegenüber, sind zwei zuverlässige und solide norwegische Rucksäcke aufmarschiert, der sicherste Beweis dafür, daß es niemandem einfallen wird, einem Norweger etwas zu stehlen!

Gute alte, gutgläubige Kari und Ola!

Die Situation zeigt in einer Nußschale, wie wir in der Welt plaziert sind: mit unseren internationalen Kontakten, unserem Glauben an Schweden als Vormarschierer, unserer Erfahrung als Schiffahrtsnation und unserer neuen Rolle als Ölland – gepaart mit dem zweifelsfreien Glauben daran, daß Norweger etwas besonders geartet sind.

Aber wie können wir denn die Ausländer dahin bekommen, daß sie die Unterschiede zwischen Norwegen, Dänemark und Schweden erkennen?

Nun ja, Norwegen ist der lange Darm ganz links von der schwedischen Karte. Das Land ist so lang, daß der Meteorologe es in zwei Stücke brechen muß, um es auf dem TV-Schirm zu plazieren, wenn er das Wetter voraussagen soll. In direkter Luftlinie sind es 1752 km von Süden nach Norden. Schlägst du damit einen Kreisbogen, landest du ganz unten in Spanien.

Die Küstenlinie, ohne Fjorde und Buchten, ist 2650 km lang. Rechnest du Fjorde und Buchen mit, dann beträgt sie 21 347 km – oder eine halbe Erdumsegelung!

Doch Norwegen ist zugleich ein sehr schmales Land, an der engsten Stelle bei Hellemobotn in Nordland nur 6,3 km breit.

Wir haben eine Grenze von 1619 km mit Schweden, 727 km mit Finnland und 196 km mit der Sowjetunion.

Und wir haben ein paar verstreute Inselgemeinden weit oben im Nordmeer und erheben Anspruch auf einige Besitztümer in der Antarktis auf der entgegengesetzten Seite des Globus.

Im großen und ganzen besehen, besteht unser Land aus Felsen und Bergen. Der höchste Gipfel, Galdhøpiggen, ist 2469 m hoch und ist unser höchster Triumph über die Dänen, die nur über einen Hügel von 173 m verfügen. Unser schönster Dänenwitz ist deswegen «Dänische Gebirgsbutter».

Nur 3% von Norwegen ist bebaut, davon entfallen 60% auf Wiesen und Grünflächen, 30% auf Getreide.

Fleisch und Molkereiprodukte erzeugen wir genügend für uns selber, aber unser Brotgetreide importieren wir zu 70 Prozent. Hölzer, Papier und Zellulose exportieren wir, ebenso Fischereiprodukte. Bacalao de Noruega ist das teuerste Gericht in den Luxusrestaurants von Buenos Aires.

Und wenn die Schweden es auch nicht mögen: wir produzieren also Öl.

◁ ***74*** *Auf einem schnurgeraden Streckenstück der Dovrefjell-Bahn bei Vålåsjo nähert sich der Schnellzug Trondheim–Oslo.*

Eine einmalige Natur. Aber zuerst und vor allem haben wir etwas, was einzigartig ist: die Natur. Wir haben davon so unendlich viel, und wir sind so glücklich darüber, daß wir ein sog. «Freiluftsrecht« haben, das uns erlaubt zu wandern, wo wir wollen, in Wäldern und auf Bergen. Wir besitzen 323 878 qkm Land in Norwegen (plus Svalbard), und wir sind 4 159 335 Einwohner. Da bleibt für jeden nicht wenig Natur!

Durchschnittlich leben bei und in Norwegen 13,6 Menschen auf einem Quadratkilometer, 19 dagegen in Schweden, 119 in Dänemark, 158 in der Schweiz, 247 in Westdeutschland – und 18 121 in Monaco.

Und wir haben eine so gesegnet variierte Landschaft zum Wohnen!

Wir haben Sørlandet (das Südland), dort, wo wir angefangen haben, in Kristiansand, an der Riviera von Norwegen. Das ist nicht die gleiche, wie du sie im Mittelmeerraum findest, mit all ihrem wimmelnden Straßenleben. Nein, wir haben die einsamen kahlen Felsenhänge, gegen die wogendes Gluckern schlägt. Die engen Sunde in Blindleia, den stillen See in der Abendstunde, die sanften Winde, die in den Grasnelken zausen, zwanzig Grad im See und ganz, ganz sauberes Wasser. Der ganze Skagerrak steht dir zur Verfügung. Das ist ein Paradies auf Erden – oder war es jedenfalls. Denn im Herbst 1986 meldeten Forscher, daß nun das Waldsterben auch den Algenwald auf dem Meeresgrund erreicht habe, und nannten die Entwicklung an großen Teilen der norwegischen Küste entlang eine Umweltkatastrophe.

Wir haben Østlandet (das Ostland), wo es die weiten Felder und die tiefen Wälder gibt, wo die Tannenstämme dicht stehen und der Morgennebel sacht über dem einsamen Waldsee aufsteigt.

Wir haben das verstreute, felsenreiche Jaeren, wo arbeitsame Bauern seit Generationen ihre Äcker versorgten – nun jobben sie halbtags im Öl.

Wir haben Vestlandet (das Westland) mit seinen phantastischen Fjorden, mit kleinen Bauernhöfen in den Tälern, mit der alten Hansestadt Bergen als der größten Rivalin der Hauptstadt im Osten, wir haben Fjordtäler mit so steilen Abhängen, daß die Eltern ihre Kinder in alten Zeiten festbanden, damit sie nicht ins Ballungsgebiet fortzogen.

Wir haben Gletscher: den Jostedalsbreen, den Svartis und Folgefonni, aufregend und schön, aber gefährlich für Unkundige. In den vergangenen Jahren gab es eine Anzahl von tödlichen Unglücksfällen. Wir haben auch sonst noch Gebirgsgegenden: am Hardangervidda, in Jotunheimen und am Dovrefjell, von wo aus Norweger auf Touren gehen, was bei ihnen sehr beliebt ist. Tausende sind an jedem Sonntag unterwegs, mit Kindern und Hunden und Rucksäcken und Thermosflaschen, auf Waldpfaden, hinaus auf die Bergkuppen, südlich und nördlich, Alte und Junge. Und in den Ferien ziehen sie auf längere Wanderschaft, ins Gebirge, wo sie von Hütte zu Hütte wandern, im Sommer wie im Winter, wenn sich die Natur in herbstliche Farben kleidet, wenn die Sonne über schier unendliche Schneeflächen scheint. Die Hütten des Naturfreundeverbandes (turistforeningen) haben Selbstbedienung. Du nimmst dir, was du an Proviant benötigst, und legst dafür eine entsprechende Summe hin, unkontrolliert. Auch das ist Norwegerart.

Wir haben Sunmøre, wo die betriebsamsten Leute von ganz Norwegen leben, Möbelproduzenten, die das staatliche Radio besetzt haben, die vorne stehen, immer vorneweg sind. Es wird behauptet, daß sie sogar in der Sahara Sand verkaufen könnten!

Wir haben das Trøndelag mit den wogenden Äckern, mit Trondheim und dem Nidarosdom, unserer großen Kathedrale aus dem 12. Jahrhundert.

Wir haben die Lofotenwand, die unglaubliche, die direkt aus dem Meer im Westfjord aufsteigt; du hast Nordland und Tromsø mit den Sommern voller Sonne und den finsteren Wintern, du hast Finnmark mit den weitgedehnten Flächen, mit Multebeeren und Mücken und mit der Mittsommernacht. Du hast das phantastische Nordlicht über lange Winterzeiten, die enormen Lichtkrebse, die in unendlichen Bewegungen über den Himmel wogen. Das ist unheimlich, das ist stark, das ist drohend. Du kannst auch schon von Geringerem abergläubisch werden.

Du hast also die Augen weit hinauf aufs Nordmeer gerichtet: da ist Svalbard (Spitzbergen) mit seinen Kohlengruben, in naher Nachbarschaft mit den Russen, Jan Mayen mit seinen Vulkanen und der meteorologischen Station und Bjørnøya (Bäreninsel), auch von Meteorologen mit Reif im Bart bewohnt.

Und alles umarmt sich in einer täglichen Gemeinschaft bei den Wettermeldungen in Norwegen. Den Wettermeldungen im norwegischen Radio zu lauschen, das ist, als horche man auf hochgestimmte Naturlyrik.

Ein kaltes Land? Es wird behauptet, Norwegen sei ein kaltes Land. Nun ja, 26 Wärmegrade wurden 1985 in Oslo und Karasjok gemeldet! Da vergessen wir leicht, daß auch 25 Minusgrade in Oslo und fast 43 in Karasjok gemeldet wurden. Denn es sind die hellen Sommernächte, die Melancholie in einem zitternden Espenblatt, das Tropfen des Ruders in der Stille eines Gebirgssees, die auch mit an der Seele des Norwegers formen. Das ist, wovon er träumt, wenn er im Verkehrsstau auf dem Drammenvei festsitzt, der Straße, die in die City von Oslo führt. Denn genau dort befindet sich Ola Nordmann! Dort träumt er von den samtblauen Sommernächten in Norwegen, vom ersten Rauhreif im Herbst, vom Echo in den stillen Höfen, vom Kartoffelkraut, das auf den Äckern gefriert, dem ersten Schnee, den Kindern, die hinauswirbeln. Aber ab und zu ist der Schnee schwarz, bedeckt von Industrieabfall aus England und Europa. Also wach auf aus deinen Träumen!

Ich kann dem Leser versichern, daß Norwegen ein modernes und urbanisiertes Gemeinwesen ist und daß wir, die wir hier leben, uns keineswegs am Rande von Europa fühlen. Die Lautsprecher stehen auf voller Lautstärke, wenn die neuesten Rockplatten aus England und den USA in allen Kinderzimmern und Autoradios ertönen, die Rockvideos blinken, unsere traditionellen Kaffeestuben und Bauernheime sind mit modischen Kaffeesorten, mit Pasta und Cappuccino auf den Speisekarten ausgestattet.

Eins aber wundert mich in Norwegen: die hellen Orte in der Winternacht. Norwegen hat weltweit den stärksten Verbrauch von Elektrizität pro Einwohner, doppelt soviel wie die Schweiz, dreimal soviel wie Italien. Norwegen ist das Land der Wasserfälle. Kraftleitungen kreuzen Täler und Berge. Die Wärme und das Licht bedeuten nicht automatisch, daß man dich überall willkommen heißt. Norweger kommen nicht unangemeldet zu Besuch. Sie sitzen daheim und sehen fern, «Die Dynastie», «Falcon Crest», und am Freitag ist Detektivstunde (gern mit Derrick), die Sportrevue am Sonntag – und alle Programme, die es zwischendurch gibt. Aber zuerst und vor allem jobben sie.

Von den drei Millionen Erwachsenen sind 640 000 Arbeiter, 1 100 000 im Dienstleistungssektor, 80 000 Bauern und Fischer, 150 000 andere Selbständigerwerbende, 230 000 Schüler und Studenten, 22 000 Soldaten (Militär), 360 000 arbeiten zu Hause, 210 000 sind krank oder arbeitsunfähig, ferner gibt es 40 000 «Übrige». Dies besagt jedenfalls das norwegische statistische Jahrbuch. Es berichtet auch, daß es 1,5 Mill. Familien im Lande gibt, von denen 170 000 auf Bauernhöfen, 640 000 in freistehenden Eigenheimen, 160 000 in Reihenhäusern und 270 000 in Wohnblöcken leben. Zwei Drittel aller Familien besitzen Gärten. Am wenigsten Gärten gibt es in Oslo. Dort hängen sich die Einwanderer zum Ersatz Wagenräder auf den Balkon, um sich an die grünen Wiesen ihrer Kindheit zu erinnern.

Es wird behauptet, daß Norwegen das puritanischste Land im Norden sei. Ich weiß es nicht. 88 % der Bevölkerung gehören zur Staatskirche, aber nur 51 % haben 1983 die Kirche besucht. Wohngemeinschaften breiten sich ständig mehr und mehr aus. Von 50 000 Neugeborenen im Jahre 1984 waren gegen 10 000 unehelich geboren. Aber die Kirche verweigert zuweilen den Eltern, ihr Kind selbst zur Taufe zu tragen, wenn sie nicht miteinander verheiratet sind.

Und wenn auch Norwegen ein friedliches Land ist, so ist es doch keine reine Idylle. Es erlebt immer stärker die Probleme größerer Staaten, unter anderem ein starkes Anwachsen der Kriminalität; im Jahre 1984 wurden in Norwegen 45 Vergewaltigungen und 600 Selbstmorde begangen. Und man rechnet damit, daß pro Jahr in den Geschäften Waren für 1 Milliarde Kronen gestohlen werden.

Ein freiheitsliebendes Volk. Die Zeiten sind vorbei, in denen die Norweger fortgingen, ohne die Tür zu verschließen, wie es den Deutschen damals gesagt wurde, als sie das Land 1940 militärisch besetzten. «Das Heim bleibt unverschlossen. Stehlerei ist fast unbekannt und wird als eine große Schande betrachtet», hieß es in den Instruktionen für das deutsche Militär. Aber darin stand auch, daß «der Norweger sehr freiheitsliebend und selbstbewußt» sei. «Er lehnt jeden Zwang und jede Unterordnung ab. Militärische Zucht und Autorität mag er nicht. Also: Wenig Befehle, keine Zurufe. Das erfüllt ihn mit Widerwillen und bleibt wirkungslos. Erklärt und beweist sachlich! Mit humorvoller Rede kommt man am weitesten.»

Nicht alle Norweger sahen das Humoristische in den fünf Jahren, die die Besatzung dauerte, obwohl wir eine gewisse Erfahrung darin hatten, von anderen unterworfen zu werden. Norwegen wurde im Jahr 872 von Harald Schönhaar zu einem Reich geeint, aber in der Zwischenzeit haben Schweden und Dänemark uns jahrhundertelang beherrscht, entweder gemeinsam oder im Alleingang. Unser Grundgesetz erhielten wir erst am 17. Mai 1814, als Dänemark Norwegen an Schweden abgab. Und den schwedischen König wurden wir erst 1905 los, als wir den dänischen Prinzen Carl zum König Haakon VII. machten. Er sprach sein ganzes Leben lang dänisch, wurde aber zum Symbol aller Norweger im Widerstandskampf gegen die Deutschen während des Zweiten Weltkriegs. Er und die Zipfelmütze.

Die «Zipfelmütze» wurde am 25. September 1972 wieder angezogen, als Norwegen durch Volksabstimmung «nein» zur Mitgliedschaft in der Europäischen Gemeinschaft sagte, nach dem erbittertsten politischen Kampf der letzten Jahrzehnte. Wer gegen die EG-Mitgliedschaft war, trug eine Mütze als Symbol für die norwegische Eigenständigkeit. Für die EG-Anhänger war sie ein Schimpfwort, denn sie fanden, daß die Widerständler sie so tief über den Kopf gezogen hätten, daß die Realitäten des Lebens nicht mehr von ihnen gesehen würden.

Heute ist Norwegen in seinem Herzen sozialdemokratisch, obwohl das Land in den letzten zwanzig Jahren zwischen sozialdemokratischen und bürgerlichen Regierungen gewechselt hat. Davor hatte Norwegen dreißig Jahre lang eine sozialdemokratische Regierung, die nur durch den Krieg unterbrochen wurde. Der Gedanke an Gleichheit und Zusammenarbeit leuchtete auch in die Politik der Jahre zwischen den Kriegen, lebte in der Wiederaufbauarbeit nach dem Krieg erneut auf und ist wohl immer noch vorhanden. Aber mit dem Wohlstand kam auch die Jagd nach Prestige und erwuchs die Konkurrenzmentalität. Nach den Jahren des Aufruhrs, die auf 1968 folgten, kam in den 80er Jahren ein Rechtswind auf, eine Egowoge schwappte durchs Land. Heutzutage geht der Streit darum, was Priorität habe, der private oder der öffentliche Ausbau unserer Dienstleistungsbetriebe. Die Parlamente wechseln mit den Regierungen, und ungeheuer wachsen die Reihen der Krankenhäuser.

Über die Außenpolitik herrscht im großen und ganzen Einigkeit. Sowohl Sozialdemokraten als auch bürgerliche Politiker sind Anhänger der NATO, in der Norwegen seit 1949 Mitglied ist. Im Parlament wurde beschlossen, daß «Atomwaffen in Norwegen zu Friedenszeiten weder gelagert noch aufgestellt werden dürfen». Aber die Rechte steht doch wohl Reagans Krieg der Sterne positiver gegenüber als die übrigen Parteien. Strategisch liegt das NATO-Land sehr offen für den Ernstfall, eingeklemmt unter der Halbinsel Kola, wo die Russen eine ihrer stärksten Militärbasen aufbauen.

An seinen Rändern ist Norwegen von seinen Nachbarn abhängig, im Osten wie im Westen. In Süd-Norwegen sterben die Fische in den Flüssen dank der Industrieverschmutzung von England und vom Kontinent. Dort, wo die Bäche vor zwanzig Jahren von Fischen wimmelten, sieht man nur noch saures Wasser, Premierministerin Margaret Thatcher wurde im Herbst 1986 bei ihrem Besuch in Norwegen mit großen Demonstrationen bedacht, und es wurden ihr 10 000 Kinderzeichnungen überreicht als Protest gegen die Umweltverschmutzung. Das Unglück von Tschernobyl 1986 führte immerhin zu einer Besinnungspause bei der Planung der britischen

Uranaufbereitungsanlage, die in Dounreay/Schottland errichtet werden sollte. Von dort ziehen Winde und Meeresströmungen direkt nach Norwegen. In ganz Norwegen haben Kommunalverwaltungen, Provinzialregierungen und einzelne Personen gegen die Pläne protestiert.

Schweden und Norwegen gehörten zu den Ländern, die den größten Ausfall radioaktiver Stoffe von Tschernobyl abbekamen. Zwei Tage dauerte es, bis die radioaktive Wolke Norwegen erreichte. Die Behörden wurden völlig überrumpelt und gaben die widersprüchlichsten Anweisungen aus, wie man sich verhalten solle. War die Milch trinkbar? Das Fleisch eßbar? Konnte die Wolle verwendet werden? War der Fisch gefährlich? Es herrschte Unsicherheit. 30 000 Bauern wurde von den Behörden geraten, ihre Schafe über die Schlachtzeit hinweg weiterzufüttern, in der Hoffnung, daß sie wieder eßbar würden. Große Teile der Herbstschlachtung mußten fortgeworfen werden, tonnenweise Futter. Becquerel, die internationale Meßeinheit für Radioaktivität in der Nahrung, ging in die Alltagssprache ein. Und ein neues Fremdwort wurde in die norwegische Sprache importiert!

Das Land mit den drei Sprachen. Und die norwegische Sprache, wie steht es damit? Schriftlich: wie das Dänische. Mündlich: eher dem Schwedischen ähnlich.

Außerdem haben wir zwei Sprachen, und als Zugabe Samisch samt Finnisch, das von vielen Einwanderern in Finnmark gesprochen wird.

Als Folge der großen Distanz hat Norwegen eine Unzahl von Dialekten, die nicht alle gleich einfach zu verstehen sind. Der Unterschied zwischen der Vossesprache und dem Osloer Dialekt ist größer als der zwischen Halden und Strömstad, der nächsten schwedischen Nachbarstadt.

Einst sprachen wir alle Altnordisch, eine Sprache, so klangvoll, daß der große argentinische Dichter Jorge Luís Borges sie lernte, um die Sagas in der Originalsprache lesen zu können. Das Altnordische gleicht dem heutigen Isländischen.

Aber mit der Einführung ihrer Amtssprache rotteten die Dänen im 16. Jahrhundert das Altnordische aus. Später kam der Sprachforscher Ivar Aasen, sammelte und verglich die vorhandenen norwegischen Dialekte, um eine neunorwegische Sprache, das Nynorsk, daraus zu machen. Es wurde 1885 mit der dänisch/norwegischen Schriftsprache gleichgestellt. Seitdem haben wir zwei offiziell anerkannte Sprachen in Norwegen. Die Gemeinden entschieden selber, welche Sprache bei ihnen gebraucht werden sollte. Von den 454 Kommunen sind 114 nynorsksprachig, während 158 neutral sind, darunter die Hauptstadt. Der norwegische Rundfunk wurde verpflichtet, 25 % seiner Programme auf Nynorsk zu senden.

Alle Norweger haben Anspruch darauf, ihre Papiere, auch den Paß, auf Nynorsk zu bekommen. Darin heißt das Land Noreg. Aber als «Noreg» im Jahre 1980 auch auf Geldscheinen eingeführt wurde, protestierten die feinen Damen von der vornehmsten Osloer West-side.

Der Vorsitzende des norwegischen Nynorsk-Verbandes nahm den Protest mit Humor auf: er bat die Damen darum, ihm die Scheine mit Aufdruck in Nynorsk zu übersenden!

Die Behörden versuchen, die beiden Sprachen zu einer Sprache umzubilden, was in der Nachkriegszeit heftige Auseinandersetzungen zur Folge hatte. (Es gab sogar viele Jahre lang eine Zeitschrift, die für die Erhaltung der Literatursprache, des Riksmål – der Sprache Ibsens, Undsets und Björnsons – kämpfte.)

Die norwegische Sprache von heute wird von dem enormen anglo-amerikanischen Einfluß bedroht. Selbst die norwegische Rangliste über den wöchentlichen Popsieger «Norsktoppen» (norwegische Spitze) hat jetzt das Englische eingeführt – wie man hört, um norwegische Popmusik zu erhalten!

Und alle Kinder, die längs der schwedischen Grenze wohnen, sehen sich das schwedische Kinderfernsehen an. Das hört man in den Sandkästen gegenüber.

Hardingfidel und Alter Käse (Gammelost). Was ist denn nun norwegisch, echt norwegisch, im Vergleich zu dänisch und schwedisch?

Ich könnte die Hardingfidel vorzeigen, sozusagen unser Nationalinstrument, eine Fidel mit vier Saiten und vier Untersaiten, die einzigartig ist. Ich könnte unsere 130 000 Musikanten von den Schulkorps vorweisen, ich könnte Ziehharmonikaspiel und Volkstanz nennen, aber das haben die Schweden ja auch. Ich könnte die neuen Vergnügungsparks in Norwegen aufs Tapet bringen, mit Riesendinosauriern und Gullivern, aber speziell norwegisch ist ja diese Disneywelt nicht gerade.

Aber ich könnte zu norwegischem Essen einladen, zu Sauerrahmbrei und Hammelkeule (gesalzen oder geräuchert), zu Stockfisch und «Kompe», diesen Kartoffelklößen mit Speckstücken, auf welche die ganze Küste schwört. Oder vielleicht zum Besten von allem: zu Gammelost! Dieser übelriechende Brotbelag, der auf den Berghöfen in alten Zeiten zubereitet wurde, sollte seinerzeit im Bettstroh einer Jungfrau reifen. Nun hat er seinen Fanklub in Norwegen bekommen – mit der Postfachnummer 4711!

Und wenn ich erst auf die Tafelfreuden zu sprechen komme, dann muß ich das spezielle Verhalten von Ola Nordmann zum Alkohol erwähnen. Der wird nicht frei verkauft, sondern nur auf Lizenz. Wein und Schnaps sind Staatsmonopole, wie auch der Verkauf von Wein. Immerhin ist der Bierhandel ziemlich liberalisiert, so daß nur noch 33 Gemeinden «trocken» sind. Ola trinkt 4 Liter reinen Alkohol jährlich, die Schweizer 11, die Italiener 12 und die Franzosen 13,5. Aber bei Ola ist der Selbstgebrannte nicht mitgerechnet. Bei den hohen Preisen für Alkohol in Norwegen kommen viele in Versuchung, daheim zu brennen. Ab und zu werden ganze Schnapsfabriken von der Polizei ausgehoben.

Und mit dem Alkohol taut Ola Nordmann auf!

Beim ersten Drink sagt er nichts. Nach dem zweiten wirft er einen flackernden Blick auf den Nachbartisch. Nach dem dritten räuspert er sich, um die Aufmerksamkeit zu wecken. Nach dem vierten redet er Englisch. Und dann ist er Weltmeister.

Norwegen in der Welt. Dem Selbstlob nach zu urteilen, hat Norwegen viele Weltberühmtheiten. Aber wenn es drauf ankommt, dann sind die meisten daheim, in Norwegen, berühmt.

Falls du etwas in der Welt herumfährst, zum Beispiel in Südamerika, wirst du im Verlauf eines Jahres natürlich Grieg-Platten finden und vielleicht eine LP von Jan Gabarek, dem Jazztenor, in einer Plattenbar in Recife (Brasilien). Du wirst ein Bild von Liv Ullmann entdecken, an einer Wand in einer kleinen Druckerei in Cochabamba (Bolivien) und ein Ibsen-Plakat in Buenos Aires. Thor Heyerdahls Bücher wirst du auf dem ganzen Kontinent in den Buchhandlungen finden. Und vielleicht wirst du in den Zeitungen etwas über eine NATO-Übung in der Nordsee lesen, von einem «Lächelkurs», der vom norwegischen Versorgungsministerium veranstaltet wurde, oder vom Friedenspreis, der vom norwegischen Nobelpreis-Komitee verliehen wird.

Hingegen ist fast jeder Bus in Peru ein schwedischer Volvo, angefertigt in Brasilien, und der schwedische Schauspieler Max von Sydow ist gleich in zwei Filmen nacheinander in einem Kino von Quito (Ecuador) zu sehen.

Eins ist sicher: man muß hinaus, um bekannt zu werden! Liv Ullmann wurde berühmt durch Ingmar Bergmanns Filme, deswegen glauben alle, daß sie Schwedin ist. Und es glaubt doch wohl niemand, daß Thor Heyerdahl weltberühmt geworden wäre, wenn er in einem Schilfboot auf dem Mjösa-See herumgesegelt wäre!

Henrik Ibsen ging fort und blieb 27 Jahre in der Ferne. Edvard Grieg wurde Grieg in Leipzig, in Rom und Kopenhagen, wo er sein berühmtes a-moll-Konzert schrieb. Edvard Munch hatte seinen Durchbruch in Berlin. Heutzutage sind das unsere sichersten Weltberühmtheiten, neben Knut Hamsun. Zu ihm haben wir ein komplizierteres Verhältnis, wegen seiner nazifreundlichen Haltung während des Krieges. «Norweger! Werft die Büchse weg und geht heim!» schrieb er, als die Deutschen Norwegen überfielen. Nach dem Krieg wurde er wegen Landesverrat vor Gericht gestellt und sein Vermögen eingezogen. Der dänische Autor Thorkild Hansen griff 1978 die Sache Hamsuns wieder auf in dem Buch «Der Prozeß gegen Hamsun». Das gab allerlei Aufruhr, wurde aber schnell vergessen. Hamsuns Bücher kommen ständig in neuen Auflagen heraus, Theaterstücke und Ballett nach Hamsuns Werken werden aufgeführt, internationale Symposien über seine Dichtung veranstaltet, und sein Haus Nørholm in Grimstad ist für Touristen geöffnet. Aber noch gibt es in Oslo kein Denkmal für ihn. Als Person ist er vergessen, nicht als Dichter.

Von seinen Nachfolgern wurden nicht viele weltbekannt. Rolf Jacobsens Lyrik ist nicht ins Deutsche übersetzt worden, Aksel Sandemoses Ruhm erstrahlte über Skandinavien, nicht in den deutschsprachigen Raum hinein, anders als der dort hochgeschätzte Johan Borgen. Hingegen erfreut sich die feministische Literatur insbesondere in der Bundesrepublik eines großen Interesses, z. B. werden Gert Brantenbergs Romane sehr geschätzt, und man sieht sich nach Übersetzerinnen um, die für die Frauenbewegung entsprechende Literatur übertragen. Knut Faldbakkens Romane werden gelesen und diskutiert. Voran schreitet auch die seit den 60er Jahren modern gewordene Jugendliteratur. Mit Babbis Friis Baastad rückte in der deutschsprachigen Jugendliteratur erstmalig ein behindertes Kind als Hauptfigur in den Mittelpunkt des Geschehens, Anne Cath. Vestlys «Aurora in Hochhaus 7» wurde zum Bestseller, und Tormod Haugen gewann als erster Norweger den Deutschen Jugendbuchpreis (1979). Else Breen wurde in Österreich mit dem Staatspreis, in der Bundesrepublik mit dem ersten Katholischen Kinderbuchpreis von der Deutschen Bischofskonferenz geehrt (obgleich sie evangelisch und mit einem Pfarrer verheiratet ist). Natürlich werden auch die reizenden Bücher Thorbjørn Egners immer noch gern gelesen. Der norwegische Staat tut viel für die Verbreitung seiner Literatur. Im Außenministerium hat eine Dame diese Aufgabe übernommen, und seit Jahren stellt der Königlich Norwegische Botschafter in Bonn an der Frankfurter Buchmesse einen Autor vor.

Für Sportsleute sollte die Sprache keine Barriere darstellen, und unseren Zeitungen zufolge, sind unsere Helden immer die besten – schon von vornherein. «Wir haben der Welt den Winterweg gezeigt», heißt es in einem klassischen Sportbuch. Es befaßt sich mit der Zeit, als Birger Ruud am heftigsten an den südeuropäischen Skihängen wütete, «Der große Birger», wie er immer noch in Garmisch-Partenkirchen genannt wird. Mit dem Gold auf dem Sommerweg dauert es länger.

Aber wir haben da unsere Langlaufmädchen, Grethe Weitz, die achtmal den New Yorker Marathon gewann, und Ingrid Kristiansen, Weltrekordhalterin. Wir haben den Traberjockey Ulf Thoresen und den Ralleyfahrer Martin Schancke, und wir hatten auch Steffen Tangstad, der 1986 Weltmeister im Schwergewichtsboxen werden sollte, obwohl professionelles Boxen in Norwegen verboten ist. Aber das Abenteuer dauerte nur neun Minuten und 58 Sekunden in einem Boxkampf in Las Vegas, «Hinrichten von Norwegern ist kein Sport», kommentierten schwedische Zeitungen.

Das erinnert mich an die norwegische Ausgabe des olympischen Mottos: «Das Wichtigste ist nicht, zu gewinnen, sondern die Schweden zu schlagen!»

Auf einem Gebiet können wir vielleicht mit ihnen konkurrieren – in Sachen Gleichberechtigung bei der Regierungsbeteiligung. Gro Harlem Brundtland berief 1986 in ihr Minderheitskabinett von 17 Ministern 7 weibliche aus der Arbeiterpartei.

Andererseits haben Frauen immer noch keinen Zugang zum Königlichen Thron in Norwegen. Die Vorsitzende der Justizkommission des Reichstages (Storting) verkündete, daß sie einen Vorschlag vorbereitet, das Grundgesetz auf diesem Gebiet zu ändern.

Das wird die Stellung des jetzigen Königs kaum erschüttern und erst recht nicht dem Kronprinzen Harald den Arbeitsmarkt verderben. König Olav, der 1986 83 Jahre alt wurde, ist in Norwegen sehr populär. Ständig wird er in den Zeitungen abgebildet, und zwar in den demokratischsten Situationen, in Knickerbockers und Skimütze auf der Holmenkollenpiste, die Jacke um den Bauch gebunden auf dem königlichen Hof zu Bygdøy, als Segler oder als Skiläufer. Er ist der Letzte, der im Herbst das Segelboot verläßt, und der Letzte, der in unserem

Computerzeitalter die Ergebnisse auf dem Holmenkollen mit Bleistift notiert. – Und sein Erbfolger, Kronprinz Harald, ist ein vielbeschäftiger PR-Mann für Norwegen in der großen Welt.

Hab' ich den Fußball vergessen? Ein seltenes Mal gewinnen auch wir! Als Norwegen 1981 England 2:1 schlug, brüllte Norwegens prominentester Sportreporter Björge Lillelien so laut im Radio, daß das Freudengeheul von Küste zu Küste in den USA als Unterhaltung übertragen wurde.

Die Welt in Norwegen. In einem Punkt haben wir unseren Nachbarländern zum Vergleich wenig anzubieten: in der Flüchtlings- und Einwanderungspolitik.

Die Norweger sollten wissen, wie es ist, in ein fremdes Land zu kommen! Zwischen 1825 und 1930 wanderten 850 000 Norweger in die USA aus. Dort wohnen ebenso viele Menschen norwegischer Herkunft wie in Norwegen selbst. Die Briefe aus Amerika sind ein Teil des norwegischen Kulturerbes.

Einst war auch Norwegen Schrittmacher in der Flüchtlingspolitik. Nach dem Ersten Weltkrieg reisten Tausende von Staatenlosen in 52 Ländern mit einem «Nansen-Paß», so genannt nach dem norwegischen Polarforscher und Völkerbund-Flüchtlingsbotschafter Fridtjof Nansen.

Norwegen steht den Entwicklungsländern wohlwollend gegenüber und bewilligt jährlich 5 Milliarden Kronen für Entwicklungshilfe, oder gemessen am Bruttosozialprodukt 1%, Dänemark 0,85%, Schweden 0,80%, Westdeutschland 0,45%, die Schweiz 0,30%, laut Angaben von 1984. Wir veranstalten auch jährlich große TV-Sammlungen, die 100 Millionen Kronen oder 25 Kr. pro Norweger einbringen und Notleidenden in anderen Ländern zugute kommen.

Deswegen finden es viele unbegreiflich, daß Norwegen 1985 nicht mehr als 774 Flüchtlinge aufnahm, während Dänemark 10 000 und Schweden 15 000 Asyl bot.

«Wir haben überhaupt keine Flüchtlingspolitik», stellte das Regierungsorgan «Arbeiderbladet» 1986 fest. Die Verantwortlichkeit für Flüchtlinge in Norwegen ist pulverisiert. Das Wenige, was bewußt für Flüchtlinge getan wird, besteht darin, möglichst viele daran zu hindern, herzukommen.

Insgesamt leben fast 100 000 Ausländer in Norwegen, davon 60 000 Europäer, 3000 Afrikaner, 13 000 Amerikaner und 19 000 Asiaten.

Sie mögen aus verschiedenen Gründen gekommen sein.

Doch in den späteren Jahren gab es für die Ausländer einen Grund, ins Land zu strömen: das Öl.

Erdölland Norwegen. Seit 1969 ist Norwegen ein Ölland. Nicht alle glaubten, daß es unter der Nordsee Öl gäbe. Der Chefgeologe von British Petroleum nahm sich vor, es zu trinken, wenn es gefunden würde! Aber im November 1968 geschah das Unglaubliche. Phillips fand das Ekofisk-Feld in Bohrloch Nr. 32 in der Nordsee. Das große Abenteuer hatte begonnen. Die Norweger mußten sich daran gewöhnen, auf gigantische Ölbohrplattformen zu blicken, sowohl in der Tagesschau des Fernsehens als auch im Schlepp entlang der Küste. Norwegische Werkstätten erhielten Aufträge, von denen zu träumen sie nie gewagt hätten. Und die Ölarbeiter fingen ihre langdauernde Pendeltour an, hinaus zum Flugplatz Sola, hinein in den Schutzanzug, hinauf mit dem Hubschrauber und hinaus auf die Plattform, zwei Wochen auf Arbeit, zwei Wochen frei, hin und zurück, hin und zurück, jahrelang.

Das Ölfieber ergriff Norwegen. Alle wollten in Öl spekulieren, alle wollten Geld in Windeseile machen. Eine Volksaktiengesellschaft nach der anderen wurde gegründet. «Tantenaktien» wurden gezeichnet, Haushaltspfennige flogen in den Wind. Aber es sollte sich zeigen, daß es nicht so einfach für die Neuanfänger war, in der Nordsee herumzubohren, daß es einen enormen Aufwand an Kapital und Erfahrung braucht, um das Öl zu fördern. In der ersten Phase mußte Norwegen ausländische Hilfskräfte einsetzen. Franzosen, Engländer, Niederländer; aber zunächst und vor allem strömten Amerikaner zu den Bohrfeldern, zeitweilig schien sich die Nordsee in eine Filiale von Texas verwandelt zu haben. Ein Feld nach dem anderen wurde ausgebaut, und die Leitungen erstreckten sich nach England, Schottland, Westdeutschland und Norwegen. Stavanger wurde zur Basis, wo 65 Nationen am Nordseeöl in der einen oder anderen Weise interessiert – und registriert waren. Mit wachsender Erfahrung übernahm der norwegische Staat immer neue Aufgaben und vor allem durch seine eigene Gesellschaft, Statoil, aber auch durch Hydro, das zu 51 % staatseigen ist und durch Saga, das einer Reihe von Großunternehmern und 55 000 Kleinaktionären gehört. Im Jahre 1986 wurde das erste, ganz von Norwegen betriebene Feld, erschlossen, mit Norwegisch als Arbeitssprache, mit norwegischen Schildern auf der Plattform und mit norwegischer Computersprache an Bord. Da waren schon längst die norwegischen NOROL-Stationen an den Straßen aufgetaucht, und die Norweger konnten zum ersten Mal mit Benzin aus dem eigenen Meer fahren. Seither bekamen auch Schweden und Dänemark Statoil- und Hydrotankstellen. Jeder fünfte in Schweden verkaufte Liter kam aus Norwegen. Der Verkauf in Dänemark schaffte Probleme für die puritanischen Norweger: die norwegischen Tankstellen boten in Dänemark sowohl Öl und Sprit als auch Porno an. So etwas tut man in Norwegen definitiv nicht!

Die Zahlen variieren nach Fördermenge und Ölpreis. Draußen in der Nordsee waren es 1987 8570 Mannjahre, anders gesagt, arbeiteten 18 000 Menschen auf See, 23 000 arbeiten in der Offshoreindustrie an Land. Aber die Ölindustrie hat große Nebenwirkungen. Die Einkünfte verbesserten die norwegische Bilanz derart, daß das Land finanziell besser als andere Länder durch die letzten Jahre kam, und die Arbeitslosigkeit blieb auf 2% begrenzt, geringer als in fast allen europäischen Ländern.

Aber die Ölindustrie ist auch eine Branche mit Risiko. Ständig kann bei der Ölgewinnung etwas Unvorhergesehenes geschehen. Im November 77 erlebten die Norweger den ersten unkontrollierten Ausbruch auf der Bravo-Plattform im Ekofisk-Feld. Der Amerikaner «Red» Adair wurde zum Volkshelden, als er es schaffte, das kochende Öl und die Gase zu löschen.

Um so schlimmer war es, daß der Unfall auch Menschenleben kostete. Die größte Katastrophe ereignete sich am 27. März 1980, als die Wohnplattform Alexander L. Kjelland im Ekofisk-Feld kenterte und von den 213 Mann Besatzung 124 umkamen.

Das Eingreifen des Menschen hat sogar die Natur auf dem Meeresboden verändert. Im November 1984 entdeckte man, daß der Meeresboden unter dem Ekofisk-Feld jährlich um einen halben Meter sinkt, Folge der Petrolentnahme. Es wird Milliarden von Kronen kosten, eine Methode zu finden und zu praktizieren, Ersatzstoffe einzuspritzen, so daß ein Bodenzusammenbruch vermieden werden kann. 1987 mußten die Pfeiler der Bohrplattform um 6 Meter verlängert werden.

Öl heraufzuholen ist teuer. Seit 1976 wurden durchschnittlich 18 Milliarden Kronen in die Ölfelder der Nordsee investiert und 10 Milliarden für Instandhaltungs- und Betriebskosten ausgegeben. Bisher wurden 835 Löcher in die Nordsee gebohrt, das tiefste mißt 5430 m.

Die großen Ausgaben haben Norwegen total abhängig von stabilen Ölpreisen gemacht. Da im Jahre 1986 der Preis pro Tonne von 30 Dollar auf 10 Dollar absank, bewirkte dies eine Krise in der norwegischen Wirtschaft. Der Staat hatte mit einer jährlichen Einnahme von 50 Milliarden Kronen durch die Ölgewinnung gerechnet, aber diese wurde plötzlich auf ein Drittel reduziert. Das hatte einen Lohnverlust von 20 000 Kronen pro norwegischem Haushalt zur Folge.

Die niedrigen Preise bewirkten ferner, daß Norwegen mit dem Ausbau neuer Felder zögerte. Das führte dazu, daß die halbe Nachschubflotte außer Dienst gestellt wurde. Tausende von Arbeitnehmern aus der Industrie verloren ihre Arbeitsplätze. Die Zukunft war plötzlich für das Ölland Norwegen völlig ungewiß geworden. Viele tadelten die Behörden, weil sie zu einseitig auf Öl gesetzt hätten. – Neue Branchen sind zwar entstanden, speziell in den Bereichen Medien, Computer und Meeresnutzung, d. h. Fischzucht. Aber ein großer Teil der norwegischen Industrie ist relativ wenig entwickelt und basiert auf der Fertigstellung von Halbfabrikaten – denn Energie ist billig.

Die Aktivitäten ums Öl haben zu einer gewaltigen Belebung der Börse und Wirtschaft geführt. Junge, gut angezogene Männer sind plötzlich in den Börsenräumen aufgetaucht oder an die Spitze des einen oder anderen Unternehmens getreten, zuweilen mit betrüblichem Resultat. Gleichzeitig ist ein mächtiges Fusionsfieber ausgebrochen. Die Industriefirmen erstehen in ständig neuen Konstellationen, alte Reedereien versuchen, einander auszukaufen, die Familienfehden florieren, und die Schimpfwörter hageln nur so. Alte Firmen krachen zusammen, die Schwerindustrie wird saniert, Gruben müssen geschlossen werden. Norwegen erlebt mitten in den 80er Jahren eine industrielle Wandlung wie nie zuvor.

Und die größte Veränderung vollzieht sich bei dem, was seit jeher «des Landes Knopflochblume» war: beim Schiffahrtswesen.

Unsere Ehre und unsere Macht. Schon seit der Wikingerzeit fuhren die Norweger auf den großen Meeren herum, herrschten, führten Kriege, berauschten sich an Fliegenpilzen und entdeckten Amerika (denn es war tatsächlich Leif Eriksson, der dies tat, und nicht Christoph Columbus, behaupten wir nun). Seit dem Ende des 15. Jahrhunderts belebte sich die Seefahrt. «Unsre Ehre und unsre Macht/haben weiße Segel uns gebracht», sang unser Nationalbarde Bjørnstjerne Bjørnson 1868. Die norwegischen Schulkinder lernten immer, daß Norwegen im Verhältnis zur Einwohnerzahl die größte Flotte der Welt hätte. Noch 1970 besaß Norwegen mit einem Promille der Weltbevölkerung 10% des gesamten Schiffsraumes auf der Welt. Der Schiffsjunge auf erster Fahrt war immer das Hätschelkind der Nation.

Aber 1973 nahte sich die Ölkrise Norwegen. Norwegische Tankschiffe dümpelten in Buchten und Häfen. Norwegische Reeder fingen an, ihre Schiffe ins Ausland zu verkaufen oder sie unter «Bequemlichkeitsflaggen» von Liberia, Panama oder Bermuda registrieren zu lassen. 1977 segelten insgesamt 1142 Schiffe mit insgesamt 48,8 Mill. Tonnen unter norwegischer Flagge. 1984 waren erst 16% der norwegischen Flotte «ausregistriert». Aber 1985 setzte das Ausflaggen so richtig ein, und 1986 hatten die norwegischen Reeder zum ersten Mal im Ausland eine größere Flotte registriert als zu Hause. Und die Reeder standen Schlange, um auch noch den Rest auszuflaggen – darunter auch den Stolz der norwegischen Flotte, S/S «Norway», das frühere französische Passagierschiff «France», das auf Kreuzfahrt in der Karibik segelt. Es erzeugt einen bitteren Geschmack im Munde vieler norwegischen Seeleute, S/S «Norway» bei den Bahamas zu begegnen.

Was ist schuld an der Entwicklung? Nun ja, die norwegischen Seeleute wurden für die Reeder zu teuer. Unter ausländischer Flagge können sie billige Arbeitskräfte aus Asien anheuern. Da können sie außerdem auch fahren, wohin sie wollen. Es ist kein Geheimnis, daß es Uneinigkeit zwischen norwegischen Reedern und norwegischen Behörden gibt, z. B. über die Fracht nach Südafrika. Während die Regierung 1986 den vollen Boykott des Apartheid-Regimes anregte, wurde bekannt, daß norwegische Schiffe in den Jahren 1983–85 ein Drittel aller Öltransporte dorthin übernommen hatten.

Man erinnert sich eines gewissen Peer Gynt, der Waffen an die Türken verkaufte, während er zur verstärkten Unterstützung ihrer griechischen Feinde aufrief.

Wenn das Ausflaggen im gleichen Tempo weitergeht, wird die Schiffahrtsnation Norwegen im Jahre 1988 kein Schiff mehr in der Überseeflotte haben. Die einzige Maßnahme zur Wiedergewinnung der norwegischen Flotte wäre, ein internationales norwegisches Schiffsregister einzurichten, so wie das Liberia, Panama und Bermuda getan haben. Die Seeleute toben dagegen und meinen, daß die Reeder «Lohnrassismus» betreiben würden, indem sie billige ausländische Arbeitskräfte anheuern. Aber nach all dem scheint es, daß dies wohl die Lösung sein wird. Die Regierung jedenfalls schlug es 1986 vor. Da war der norwegische Seemann bereits arbeitslos. Er fürchtet, daß er den Seesack bald für immer wegpacken muß.

Eine Anzahl Schiffe wird jedenfalls für die Küstenschiffahrt und in der Nordsee benötigt. Denn noch gibt es mehr Öl und Gas aus dem Meeresboden herauszuholen. Während Norwegen 1986 für 500 Milliarden Kronen Gas vom Trollfeld an Europa verkaufte, wurde in Haltenbanken, nördlich des 62. Breitengrades, Gas gefunden, dessen Qualität weltweit einmalig sein soll. Man schätzt die Reserven in der Nordsee auf 5 Milliarden Tonnen, 60% davon Gas. Gefördert wurden bisher nur 0,5 Milliarden.

Niemand weiß heute, wie lange das Nordseeabenteuer dauern wird. Vielleicht dauert es mit dem Öl 30, mit dem Gas hundert Jahre, zur Erinnerung daran, daß Norwegen 1985 in der Gasförderung an 9. und in der Ölförderung an 18. Stelle plaziert war. Das Nachher wird uns sehr teuer zu stehen kommen.

Aber bis dahin werden wahrhaftig sowohl Svalbard als auch die Barentsee ihr Ölzeitalter erlebt haben. Auf Svalbard ist die Suche in vollem Gange, aber nur die Russen haben 1986 dort gebohrt.

Svalbard – und Antarktis. Im sogenannten Svalbardvertrag, der 1925 in Kraft trat, erhielt Norwegen die Souveränität über Svalbard. Seitdem ist dieses Inselreich ein Teil Norwegens, aber die Signatarstaaten haben das volle Recht, die Ressourcen dort gemeinsam mit uns zu nutzen. Heute wohnen dort ca. 1400 Norweger und 2600 Russen, in Frieden und Ruhe, doch ohne sonderliche Gemeinschaft. Sie leben getrennt in ihren eigenen kleinen Grubendörfern.

Viele Fische schwimmen um Svalbard herum, aber volle Einigkeit über eine gerechte Verteilung zwischen den Nationen gibt es nicht. Im Jahr 1986 nahm man einen Anlauf zum «Dorschkrieg» zwischen spanischen und norwegischen Behörden, und selbst nach 15 Verhandlungsjahren hat Norwegen immer noch nicht mit der Sowjetunion darüber einig werden können, wo die Fischereigrenze entlanggehen soll. Sollten auch noch Öl und Gas auf Svalbard gefunden werden, dann wird das Fahrwasser dort die größte außenpolitische Herausforderung für Norwegen in den kommenden Jahren.

Svalbard liegt im Bereich der norwegischen Wettermeldung, aber daß nicht alle Norweger mit den Entfernungen vertraut sind, bewies eine heitere Geschichte, die 1986 in der norwegischen Presse auftauchte. Ein Mann auf Jan Mayen, rauhe Vulkaninsel und Militärstützpunkt oben mitten im Eismeer, brauchte ein neues Scheckheft, und der Bankangestellte bat ihn, es in Svalbard zu besorgen.

Ich kann darauf nur antworten, daß es kürzer wäre, nach Island zu schwimmen, erwiderte der Mann.

Auf der anderen Kappe des Globus, in der Antarktis, erhebt Norwegen Anspruch auf eine Eiswüste, die siebenmal größer ist als die Fläche des gesamten Landes. Roald Amundsen erreichte als Erster am 14. Dezember 1911 den Südpol. Viele Jahre trieb Norwegen Walfang in Sørishavet, und mehrere wissenschaftliche Expeditionen haben im dortigen antarktischen Gebiet stattgefunden. Bouvetøya kam 1928 unter norwegische Oberhoheit, Peter Is øy, und Dronning Maud (Königin Maud) Land 1939. Vielleicht liegen enorme Reichtümer an Öl und Mineralien unter den 3–4000 m dicken Eismassen. Aber am Ende der 80er Jahre hat das zur 3. Welt gehörige Land verlangt, unter UNO-Verwaltung zu kommen, wenn der Antarktis-Vertrag 1991 ausläuft.

Soweit mir bekannt ist, haben nie Norweger auf der Insel Bouvetøya gelebt, die spärlich bevölkert ist. Deswegen erweckte eine Meldung in der norwegischen Presse eine gewisse Aufmerksamkeit, laut der 86 Norweger, «geboren auf Bouvetøya», in die USA eingewandert sein sollten, dies habe die letzte amerikanische Volkszählung ergeben. «Aftenposten» (Abendpost) spekulierte, ob da nicht etwa Pinguine eingewandert wären!

Walfänger gegen Flugzeugträger. Walfang war einst in Norwegen eine Großindustrie. Wenn die Walfänger aus ihrem Jagdgebiet zurückkamen, gab es in ihren Heimatstädten Sandefjord und Tønsberg Feste! Der Norweger Svend Foyn, der 1868 die Harpunenkanone erfunden hat, ist mitschuldig daran geworden, daß gewisse Walarten auf der Erde fast ausgerottet wurden. In diesem Jahrhundert hat auch Norwegen rücksichtslosen Raubbau vor allem in der Antarktis betrieben: bis zu 18 000 Wale wurden im Jahr abgeschossen. 1987 wurde nur noch der Zwergwal gejagt; doch auch das soll Ende 1988 aufhören, bis die Walfangkommission ab 1990 neue Quoten bestimmt. Darüber sind die norwegischen Walfänger sehr erzürnt!

Es gibt inzwischen nicht mehr als dreihundert von ihnen, und mit ihren 55 Trawlern fangen sie nicht einmal die zugelassene Quote von 400 Walen! Ökonomisch bedeutet der Walfang für die Nation heutzutage nicht viel, aber für die kleinen Küstengemeinden, die seit Generationen Walfang betrieben haben, ist der Stopp schmachvoll, sowohl gefühlsmäßig als auch wirtschaftlich. Sie sollen sich verbeten haben, von «Greenpeace»-Schiffen und von amerikanischen Boykottdrohungen gehindert zu werden, wie 1986, als der amerikanische Flugzeugträger Nimitz oben im Westfjord, während einer NATO-Übung westlich von Narvik ankerte. 17 norwegische Trawler protestierten gegen den Besuch.

«Die USA spielen gerne den Großen Bruder und Weltpolizisten; aber unsere Regierung sollte sich nicht von Aktivisten und akademischen Stadtleuten lenken lassen, die nicht wissen, was es heißt, an der norwegischen Küste zu leben», sagte der Vorsitzende von Nordlands Kleinwalfängerverband, Steinar Bastensen, als er mit seinem Trawler den amerikanischen Koloß ansteuerte.

Der umstrittene Seehundfang, der ebenfalls einen Proteststurm weckte – in den USA sowie in anderen Ländern – ist in den letzten Jahren stark zurückgegangen. 1980 wurden noch 60 000 Tiere gefangen, 1985 nur noch 20 000. «Greenpeace» hat in Norwegen den Markt für Seehundfelle zerstört, sagen die Pelzhändler. Und Brigitte Bardot ist nicht bei allen in Ålesund gleichmäßig beliebt.

Aber Fische fangen die Norweger weiterhin, auch wenn es mit dem traditionellen Heringsfang vorbei ist, der rundum an allen Küsten betrieben wurde, und der Lofotfischfang nicht länger mehr das Abenteuer ist, das er einst war, als 35 000 Fischer auf den Lofoten versammelt waren. Heute sind insgesamt 30 000 norwegische Fischer unterwegs, um jährlich 2 Millionen Tonnen Fisch im Werte von vier Milliarden Kronen zu fangen. Der wird dann von 16 000 Menschen in der Fischindustrie weiterverarbeitet und für etwa 9 Milliarden Kronen weiterverkauft. Nur Japan, die Sowjetunion, die USA und Chile fangen mehr Fisch als die Norweger. 1986 sahen unsere Fischer optimistisch in die Zukunft und meinten, sowohl die Fänge als auch der Markt seien gesichert. Dann folgte der Schock von 1987, als 300 000 grönländische Seehunde vor der norwegischen Küste auftauchten und die Fischerei zum Erliegen brachten. Schwarzes Wasser. Statt der Fische 30 000 tote Seehunde in den Netzen – und niemand begriff, was geschehen war. Seit Mitte der 70er Jahre ist auch die Aufzucht von Lachs ein wichtiger Erwerbszweig geworden.

Gemeinsam mit der Landwirtschaft, die während der letzten Jahre jährlich bis zehn Milliarden Kronen als Subventionen erhielt, wurde auch die Fischerei unterstützt, und zwar mit 1,5 Milliarden pro anno. Der Staat vergibt diese Gelder teilweise, um eine gewisse Selbstversorgung in Krisensituationen zu gewährleisten, teils um die Menschen zu veranlassen, an die Küsten zu ziehen, was nicht immer ganz leicht ist. In den letzten Jahren war es besonders schwierig in Nord-Norwegen.

Abenteuerliches Nord-Norwegen. Nord-Norwegen ist der interessanteste Teil des Landes, aber es gibt wenig «Südländer», die dies wissen. Es wird behauptet, daß die Leute auf Lista, im «tiefsten Süden», die Fifth Avenue in Manhatten besser kennen als Oslos Hauptstraße, nämlich die Karl-Johan-Gade. Und die Ostländer kennen wohl auch Palma de Mallorca besser als den Seehafen Honningsvåg auf der Insel Magerøya am Nordkap. 100 000 Norweger reisen jeden Winter nach Süden. Wenn die Nordländer dorthin ziehen, müssen sie mit ein paar Tausenderscheinen extra rechnen. Aber es ist auch teuer, nach Oslo zu reisen. Ein Bewohner von Tromsø wollte sich dort ein Fußballspiel ansehen, aber er wußte nicht, wie er das finanzieren sollte. Also kaufte er sich statt dessen eine Wochenreise nach Kos und sah sich auf der Heimfahrt das Spiel an. Es war klar, daß er so billiger davonkam!

Fußball in Tromsø zu spielen, kann schon eine Belastung sein. Im September 1986 konnte man am Fernsehen feststellen, wie die Spieler dort im Norden in 35 cm hohem Schnee herumstolperten. Der war so hoch, daß die Charterflüge von Mallorca nicht landen konnten.

Als vierzehn Tage darauf die Mannschaft von Tromsø in die Nationalliga aufstieg, nachdem sie die städtische Ostlandmannschaft von Lillestrøm 4 : 1 besiegt hatte, gab es enormen Jubel. «Tromsø himmelwärts!» verkündeten die Zeitungen hinterher. Norwegen hat in seinen Volksmärchen eine Figur, die Askeladden heißt und sich im Leben dank ihres Humors und ihrer Widerstandskraft behauptet. Und die Askeladden-Rolle der Nordländer ist den meisten Südländern bewußt. Ein wenig ist wohl unsere Auffassung von Askeladden auch durch Knut Hamsuns Romanfiguren geprägt, insbesondere von August, der sein Grab in einem Meer von Wolle fand, als sein merkwürdiges Erdenleben sich dem Ende zu neigte.

Und Humor und Draufgängertum werden heute mehr denn je in Nord-Norwegen gebraucht, das vor einem sehr ernsten Problem steht: der Entvölkerung.

In den ersten zehn Jahren nach dem Krieg stieg die Bevölkerung in Nord-Norwegen an.

Die Finnmärker lieben ihr Land, ob sie nun norwegischer, finnischer oder samischer Herkunft sind. Die Deutschen brannten 1944 Finnmark und Nord-Troms Haus für Haus ab und zwangsevakuierten die Bevölkerung nach Süden. Die Finnmärker saßen in Grubentunneln, Torfhütten, Hütten und Löchern und schauten zu, wie der Krieg vorbeiraste. 100 000 Deutsche und 50 000 Österreicher standen in Finnmark, als die Russen kamen und sie 150 km weit nach Westen trieben. Ein Fünftel des Landes war damals verödet.

Nach dem Krieg wollten die südnorwegischen Behörden, daß Finnmark nach einem rationalen Musterplan wieder aufgebaut werden sollte. Sie schickten ihre Orts- und Baupläne auf Millimeterpapier nordwärts und baten die Bevölkerung zu warten, bis sie fertiggeplant hätten. Aber die Finnmärker warteten nicht. Sie zogen wieder gen Norden, legten sich im Winter unter ein Boot, litten und froren, aber wollten genau wieder da wohnen, wo sie vorher gewohnt hatten, egal was die Bürokraten dazu meinten. In Lyngen in Troms mußte einer der dickschädeligsten Planer Polizeischutz in Anspruch nehmen. Der hervorragende nordnorwegische Filmemacher Knut Erik Jensen hat eine einmalige TV-Serie über diese unglaubliche Zeit gedreht. Aber nun hat sich die Tendenz umgekehrt. Seit 1980 ist die Einwohnerzahl der drei nördlichsten Bevölkerungsgruppen pro Jahr um 1000 gesunken. Am schlimmsten hat es Finnmark getroffen. Und es sind die am besten Ausgebildeten, die fortziehen. Nur die Schwächsten bleiben zurück, sagte der Abgeordnete Andres Aune in einem Augenblick der Verzweiflung.

Mit den reichen Fischgewässern direkt vor der Küste gehört Nord-Norwegen zu den ressourcenreichsten Regionen des Landes. Aber die Finnmärker klagen darüber, daß es die Leute aus dem Süden sind, die das große Geld mit dem Fisch machen. Sie haben die größten Boote, sie machen die dicksten Fänge, und sie bekommen die beste Unterstützung durch den Staat.

Norwegische Zeitungen schwatzen ständig über die Flucht aus Nord-Norwegen.

«Der Dorsch ist fort. Die Jugend flüchtet. Der Walfang ist zu Ende. Geld ist ein Fremdwort», begann 1986 eine Reportage in der führenden Zeitung der Rechten, «Aftenposten», über die Bevölkerung von Nordland.

Es erregte das größte Aufsehen, als eine der kleinen Gemeinden in Nordland, Lurøy, gegen die Distriktspolitik der Behörden zu streiken begann. Die Gemeinderäte legten schlicht ihre Mandate für einige Wochen nieder.

Es fehlte nicht an guten Ratschlägen, wie man die Abwanderung stoppen könnte, und die Behörden haben in den letzten zwanzig Jahren großzügig «Finnmarkpakete» ausgeteilt, Pakete mit Hilfszubehör. Aber die Freude ist am größten, solange wir auf die Pakete warten, sagt der Provinzpräsident Aune. Kein Paket hat bisher das Problem lösen können. Das einzige, was helfen würde, wären generelle Steuererleichterungen. Es nützt nichts, wenn man Bevölkerungsgruppen hilft, die ohnehin einen hohen Status besitzen, wie ihn Ärzte, Lehrer und Krankenpfleger heute haben. Den Fischern und Grubenarbeitern gegenüber wirkt das nur ungerecht.

Nachdem nun in Nord-Norwegen das zweitgrößte Fernsehstudio des Landes eingerichtet wurde, ist dieser Landstrich viel stärker integriert als je zuvor. Und nun kann das ganze Land mitverfolgen, wenn das NRK (Staatliche Radio und Fernsehanstalt) 110 km über die Grenze nach

Osten zieht, um herauszufinden, wie die Russen ihre Leute dazu bringen, daß sie bereit sind, in den nördlichen Gebieten zu leben. Die Behörden in Murmansk bieten doppelte Löhne, längere Ferien, niedrigeres Pensionsalter und geben Beihilfen für Ferienreisen ans Schwarze Meer, um die Menschen im Land zu halten.

«Gebt den nördlichen Gebieten eine Chance zur Selbsthilfe, dann werden wir dieses ganze hochgespielte Elend Lügen strafen», sagte der Provinzpräsident in Finnmark.

Die Bewohner von Finnmark haben ein ganz besonderes Verhältnis zu den Russen. Viele hundert Jahre lang trieben sie «Pomorhandel» (Pomor = Meer auf Russisch) mit ihnen, und sie vergessen nie, daß es russische Soldaten waren, die 1944 die Tür des Grubentunnels in Sør-Varanger öffneten und den tausend Finnmärkern sagten, daß sie befreit seien. 2500 Russen fielen während des Feldzuges in Finnmark.

Sápmi – Samenland. Das exotischste Reiseziel im Norden ist und bleibt Sápmi, das Land der Samen, das auch das schlechte Gewissen der Norweger sein sollte. Immer hat sich Norwegen damit gebrüstet, daß es in der Vergangenheit keine Kolonien gehabt hätte, aber Tatsache ist, daß wir solche in unseren «eigenen» Grenzen haben, d. h. in Grenzen, die wir selbst weit nach Norden gezogen haben, ohne die dort lebende Urbevölkerung um ihre Meinung zu fragen.

Ungefähr 50 000 Samen leben auf der Nordhalbkugel, davon 30 000 in Norwegen. Es gibt samische Ansiedlungen in Süd-Varanger, nördlich von Elgå bei Femunden im Süden, und es wohnen noch 5000 Samen in Oslo. Bei dem Namen «Samen» denken wir gerne an die bunt gekleideten, Rentiere züchtenden Samen, aber moderne Rentierzucht betreiben nur noch 10 % von ihnen (von den 24 000 Schneescootern in Norwegen befinden sich 13 000 in Besitz der drei nördlichsten Bevölkerungsgruppen). Aber in Finnmark gibt es auch ein großes Kontingent von «Seesamen», die in jeder Weise zwischen Stuhl und Bank fallen. Sie fühlen sich etwas zu exotisch, um Samen zu sein, und zu samisch, um als Norweger zu gelten. Als die Bewohner einer der Seesamen-Ortschaften ihre traditionelle Jacke rekonstruieren sollten, mußten sie sich ein Exemplar aus dem Museum für norwegische Volkskunst kommen lassen, um herauszufinden, wie dieses Kleidungsstück aussah. Ihre Kultur war schon auf dem Kurs der Norwegisierung.

Samland wurde seit jeher von seinen Nachbarn ausgeplündert. Der nord-norwegische Häuptling Ottar zog im 9. Jahrhundert auf Steuerfahndung nach Norden. Norwegen und Rußland gingen 1326 in Nowgorod eine Absprache ein, wonach das Land im Norden steuerlich unter ihnen aufgeteilt werden sollte. Der dänisch-norwegische Renaissancekönig Christian IV., dem wir bereits einleitend in Kristiansand begegnet sind, unternahm 1599 einen Steuerfeldzug, der ihn bis zur Halbinsel Kola führte. Auch die Schweden betrachteten Samland als Steuerobjekt. Erst 1775 und 1826 wurden die offiziellen Landesgrenzen durch Samland gezogen, und Finnmark blieb norwegisch. Dann setzte ein rücksichtsloser Prozeß der Norwegisierung ein. Am intensivsten zwischen 1850 und 1960, und zwar auf zwei Ebenen. Als erstes mußten die Kinder in der Schule Norwegisch lernen.

Rein praktisch wurde dies gelöst, indem der Gebrauch der samischen Sprache im Unterricht verboten wurde und das Gehalt des Lehrers davon abhing, wie weit er mit der Norwegisierung gekommen war. Der Lehrer, der mit einer Bescheinigung des Gemeindepfarrers die Sprachkenntnisse der von ihm unterrichteten samischen Kinder nachweisen konnte, erhielt einen Extrabonus. Die Bezahlung der Lehrer war gering, und um schnell etwas hinzuzuverdienen, bestraften Lehrer mit dem Rohrstock jeglichen Gebrauch des Samischen im Klassenzimmer.

Das Ergebnis war, daß samische Kinder überhaupt keinen Unterricht in ihrer Muttersprache erhielten. Die samische Sprache und Kultur wurden als etwas Minderwertiges und Verächtliches hingestellt, und die Kinder begriffen bald, daß die samische Kultur in der norwegischen Gesellschaft überhaupt wertlos war. So beschrieb es 1986 auch Ivar Bjørklund in dem Buch *Identität und Lebensentfaltung* (Universitätsverlag).

Zum zweiten wurde verfügt, daß nur derjenige Land in Finnmark besitzen durfte, der Norwegisch lesen und schreiben konnte! Dieses rassistische Gesetz wurde erst 1965 aufgehoben.

In den 50er Jahren dieses Jahrhunderts begann es einzelnen aufzugehen, daß es nicht so klug war, «Naturkinder in Zwangsjacken» zu stecken, wie das sozialdemokratische Blatt «Aktuell» bestätigte. Ich selbst habe meinen Militärdienst in jener Zeit an der russischen Grenze abgeleistet und erinnere mich daran, wie samische Kinder direkt von zu Hause weggeholt, in fremde Kleider und Schuhe gesteckt wurden und wie man ihnen eine Sprache aufzwang, von der sie kein Wort verstanden.

Die stummen Kinder. Die samische Künstlerin Synnøve Persen erinnerte sich 1986 in einem Artikel in der Zeitung «Der Klassenkampf» daran, wie sie die Schulzeit daheim in Porsanger während der 50er Jahre erlebte. «Ich denke, zehn, zwanzig, dreißig Jahre zurück, an Finnmark in den 50er Jahren, an die Leute, die nach der Zwangsevakuierung zurückkamen, an den Optimismus, der trotz Elend und Armut herrschte. Schlechte Neubauten mit Rauhreif morgens an den Innenseiten der Wände. Kranke Kinder, Bronchitis, Tuberkulose, Lungenentzündung, Tod. Aber niemand, der klagte. Direkt.

Nur das Mannsvolk, das auf der Straße umherfuhr, mit seinen Staatskarossen, scheißvoll, Prügelei und Blauveilchen im Gesicht, blutige Schnauzen, Geschrei und Frauen, die schwiegen.

Ich habe zeitig gelernt, nie darüber zu sprechen. Niemals die soziale Erniedrigung, die Frustration zu erwähnen, schweigend sollten wir uns zu einem Status, wie ihn andere Leute haben, hinaufschuften. Ich lernte, daß ich sofort aufhören mußte, Samisch zu sprechen, sobald der Bus den Laxelv auf der provisorisch von den Deutschen errichteten Brücke überquert hatte. Ich sprach überhaupt nicht, ich, die ich auf den Straßen daheim in Bevkop sang, verstummte vollständig. Stumme Kinder in den Internaten. Niemals hätten die Lehrer aus dem Süden liebere Kinder gehabt, bekamen wir zu hören. 80 Kinder saßen stumm während ihrer Mahlzeiten. Kein Essen bei Gespräch und Gelächter. Wie schafften sie das nur, mit lebenden Kindern?

Wir sollten so werden wie andere, doch wurden wir's trotzdem nicht. Ich erinnere mich an einen Lehrer in der 5. Klasse. Er fegte wütend die Pultreihen entlang, während er mit dem Zeigestock und puterrot vor Zorn wiederholte: ‹Wie lange wollt ihr denn noch umhergehen und 'gåffe' sagen, es heißt 'Kaffee'!› Ein effektiver Unterricht in Norwegisch! Auch Demütigungen und Herabwürdigungen sind wirksame Werkzeuge. Das ständige Herumtrampeln auf dem innersten Eigenwert eines Menschen, seiner Zugehörigkeit. War es merkwürdig, daß wir fort wollten?» So Synnøve Persen.

Die Samen wurden diskriminiert, man machte sie zu Narren. Keine Revue wurde in Vadsø aufgeführt, ohne daß Samisch lächerlich gemacht wurde, erinnert sich der Programmsekretär des norwegischen Rundfunks, Thor Frette, der in der schlimmsten Zeit Samisch ins Programm aufnahm. 1986 schrieb die Osloer Zeitung «Dagbladet» über den Ausschluß samischer Kinder von norwegischen Fußballplätzen, und der Volkskundler Arvid Hansen berichtete aus Senja, die Samen seien immer diskriminiert worden. Heute haben die Samen etwas von ihrem Status als Volk zurückerhalten. Samisch ist in der Schule zugelassen, der Rundfunk sendet täglich Nachrichten auch auf Samisch übers ganze Land und veranstaltet für Finnmark spezielle Programme. Drei samische Verlage wurden gegründet, und ein Osloer Verlag hat zum ersten Mal einen Samen über den Anteil seines Volkes an unserer Kulturgeschichte schreiben lassen. Im Herbst 1986 promovierte der erste Same zum Doktor: Ole Henrik Magga aus Kautokeino mit einer Arbeit über die samische Sprache. Als Student an der Universität von Oslo hatte er den ersten Unterricht in seiner Muttersprache erhalten.

Die Alta-Affäre. Eine Protestaktion hat mehr als alles andere das Interesse für die Samen geweckt: die Alta-Affäre am Ende der 70er Jahre, ausgelöst durch die Kollision zwischen Samen, Naturschützern und Kraftwerksbauern, die mitten in altem samischem Renweideland den Wasserlauf des Alta-Kautokeino stauen wollten, wobei alte Kulturstätten zerstört worden wären. Viele Intellektuelle protestierten und solidarisierten sich mit den Samen. Die Samen schlugen vor dem Parlament in Oslo ein Zelt auf und traten in den Hungerstreik. Samische Frauen mußten vom Büro des Premierministers fortgetragen werden. Aus Protest gegen die Vernichtung eines kleinen Volkes durch ein größeres trat die prominenteste Dichterin der Arbeiterbewegung, Kåre Holt, aus der Partei aus.

Doch die Samen verloren den Kampf. Die Regierung sandte ein Schiff mit 600 Polizisten, um den Widerstand zu brechen. Das schaffte bei den Finnmärkern böses Blut. 1986 stand der 115 m hohe Damm fast fertig da, ein Jahr früher als geplant.

Die Samen leben nicht allein auf der Welt. Das zeigte sich im Herbst 86, als das Unglück von Tschernobyl die Rentiersamen schlimmer als alle anderen in Norwegen betraf. Das Rentier lebt von Moos, das mehr als alle andere pflanzlichen Substanzen dem radioaktiven Niederschlag ausgesetzt ist, und es wurde bald deutlich, daß mehr als 85 % des Rentierfleisches aufgrund der zu hohen Radioaktivität hätten vernichtet werden müssen. Also hob man die Toleranzgrenze bei Rentierfleisch auf 6000 Becquerel pro Kilo, während bei Schaffleisch die Grenze bei 600 beibehalten wurde. Man ging dabei von der «echt südnorwegischen Logik» aus, daß Norweger zehnmal soviel Schaffleisch essen wie Rentierfleisch. Ein dürftiger Trost für die, welche vom Rentierfleisch leben! Sie sollten dafür besonders dankbar sein, meinte die Regierung. Die Begrenzung auf 600 Becquerel hätte der Rentierfleischproduktion den Todesstoß versetzt.

Selbst wenn die Samen durch die Alta-Affäre etwas gewonnen haben, war diese doch mehr ein Medienrummel. Heute ist es wieder still um die Samen, und noch haben sie einen sehr weiten Weg vor sich. Noch müssen samische Eltern jeden Tag das norwegische Kinderfernsehen für ihre Kinder übersetzen, noch fehlt es im samischen Gymnasium in Karasjok den Schülern an Büchern.

«Wir begraben unsere Träume wieder in der Stille. Sie werden in Beton eingemauert und sind eigentlich verloren. Der Traum von Sápmi.» So Synnøve Persen.

Kulturelle Mobilisierung. Aber wie steht's denn mit Kari und Ola aus dem großen Haufen der Norweger? Was sind ihre Träume? Wie wird sich ihre Zukunft gestalten?

Sie streben wohl auch danach, ihre eigene Art zu bewahren, obwohl das auf die Dauer schwierig sein kann bei dem enormen Druck aus dem anglo-amerikanischen Raum, dem sie ausgesetzt sind. «Milk is a better drink» verkündet selbst die solideste aller norwegischen Organisationen, die Milch- und Käseunion, auf Englisch.

Der Staat versucht, so gut er kann, die norwegische Kultur in Bewegung zu halten. Man schickt das Nationaltheater auf Tournee, das immerhin eine starke Konkurrenz durch die halbstaatlichen Regionaltheater bekommen hat. Man schickt die Nationalgalerie auf Wanderausstellungen bis in den abgelegensten Winkel und das Nationalorchester in Schulen und in Streusiedlungen. Die Regierung stützt auch in gewissem Umfang die Zeitungen, um in diesem merkwürdigen Land, das von Tälern und Fjorden so zerstückelt ist, die Meinungsvielfalt zu erhalten. Es gibt ganze 167 Zeitungen in Norwegen, von denen 63 täglich erscheinen. Im großen und ganzen sind sie qualitativ gut und haben zum Teil auch internationale Berichterstattung. Aber es kommt auch vor, daß sie Nabelschau betreiben. Die norwegischen Redakteure sind Weltmeister im flinkhändigen Abnehmen von Leserbriefen, mit all den Folgen, die sich daraus ergeben können. Verschiedene Psychiater behaupten, daß sie den Leserbriefen entnehmen, wann der nächste Patient bei ihnen eingeliefert wird! Die Mittagszeitungen sind extrem aufs Fernsehen fixiert. Kein Programm ist ihnen zu gering, um es zu besprechen, keine Programmchef zu gleichgültig, um nicht auf die erste Seite zu kommen. Und derjenige Programmdirektor, der es schafft und sich einigermaßen oben hält, so, daß er in der besten Sendezeit – am Samstag Abend – zum voraus feststehende Fragen aus einem Umschlag zieht und verliest, der wird automatisch zum TV-König ausgerufen!

Norwegen ist auch ein Buch-Leseland. Der Staat betreibt eine einzigartige Einkaufspolitik für Belletristik: von jedem Buch einer gewissen Qualität kauft der Staat 1000 Exemplare für die Bibliotheken. Dies tut man, um Norwegen als Sprachbereich zu stärken. 1986 hatten rund 450 Künstler der verschiedenen Sparten ein staatlich garantiertes Einkommen, das etwa einem halben Durchschnittslohn entspricht. Die Bücherbusse fahren über Land und Strand mit ihrem Bibliotheksdienst. Und die Buchclubs florieren. Der größte von ihnen, der norwegische Buchclub, feierte 1986 sein 25jähriges Jubiläum; in dieser Zeit waren 48 Millionen Bücher versandt worden, also 30 Exemplare in jeden norwegischen Haushalt.

Norwegen hat seine staatlich geförderte Filmproduktion, aber keinen Ingmar Bergman. Der Veteran Arne Skouen wurde in den 50er Jahren zum «Oscar» nominiert mit der Kriegsschilderung «Neun Leben». Filmschaffende wie Anja Breien («Hausfrauen»), Oddvar Einarson («X») und Vibeke Løkkeberg («Läufermädchen», «Haut») haben in den späteren Jahren internationale Anerkennung gefunden. Aber der Einzige, der als Norweger den «Oscar» gewann, ist Thor Heyerdahl mit seinem Dokumentarbericht von der Kontiki-Fahrt in den frühen 50er Jahren. Nun hat sich Norwegen seinen eigenen Oscar eingeführt – Amanda!

Musikalisch wird Norwegen oft als Entwicklungsland betrachtet, Grieg zum Trotz, und wir betreiben einen ausgedehnten Export von Sängern nach Schweden und Deutschland. Während unser Nachbarland lange und königliche Theatertraditionen hat, bekam Norwegen sein Nationaltheater erst 1899, das Osloer Konzerthaus 1977 und die Grieg-Halle in Bergen 1978. Die Norwegische Musikhochschule wurde 1973 eröffnet und hat immer noch keine festen Lokalitäten.

Das Philharmonische Orchester in Oslo klagt ständig über mangelnde Besetzung, hat aber in den letzten Jahren unter der Leitung des Russen Mariss Jansson große Achtung erworben, insbesondere durch seine Einspielungen von Tschaikowskis Symphonien. Das norwegische Kammerorchester, geleitet von Iona Brown, ist auf internationalem Standard. Und Solisten haben wir auch: die Pianisten Robert Riefling und Eva Knardahl gehören zu den besten, ebenso die Geiger Arve Tellefsen und Terje Tønnessen. Und unsere Komponisten, etwa Arne Nordheim und der in Italien geborene Antonio Bixbalo, werden ständig jenseits der Landesgrenzen aufgeführt.

Der Rock kam mit dem Film «Rock around the clock» nach Norwegen. Das war im Jahr 1956, seither beherrscht er den norwegischen Musikmarkt total, auf Englisch. Nur ein paar vereinzelte norwegische Texter heben sich vom Chor ab, wie Åge Alexandersen aus dem Trøndelag und die aufgelösten «Vazelina Bilopphøggers».

Die mehr stromlinienförmigen Popgruppen wie «A-ha», die in der Mitte der 80er Jahre die Spitze der Weltrangliste erreichte, «Dollie de Luxe», Rock und Oper kombinierend, und die «Bobbysocks», die wie üblich 1985 den Grand Prix Eurovision gewannen, haben nie ein norwegisches Wort gesungen, sie sind nicht besonders dazu geeignet, unsere Eigenart zu stärken. Aber norwegische Zeitungen liefen trotzdem Amok, als Norwegen Sieger wurde, weil wir so viele Jahre dadurch berühmt geworden waren, daß wir nur null Punkte bekamen. Wir müssen unser Nationalbewußtsein eben stärken, so gut wir können.

In der Regel tun wir das unter größten Anstrengungen, etwa wenn wir die jährlichen Festspiele in Bergen organisieren oder die internationale Graphikbiennale in Fredrikstad. Beide sind dabei, Norwegen auf die kulturelle Weltkarte zu bringen.

Daß wir, wie unsere Nachbarn, ein Königreich und ein Wohlfahrtsstaat sind, hat die Welt wohl schon registriert. Daß wir außerdem unseren Holmenkollentag haben, das Skifest mitten im Winter, wo Tausende von Norwegern mit Rucksack und Thermosflasche zum Volksfest zusammenströmen, habe ich natürlich vergessen. Und auch, daß wir unseren Nationalfeiertag am 17. Mai haben.

Denn mitten in unserem Neureichtum und Ölkapitalismus sollte festgehalten werden, daß unser größtes Gut unsere Demokratie ist. Vielleicht preist Ola Nordmann gerade dies am höchsten, wenn er mit seinem Rucksack wieder heimkehrt.

In norwegischen Zeitungen sind immer noch alle Todesanzeigen gleich groß.

BILLETTER
BILLETTER
BILLETTER
1
2
3
4
5
6

Vorhergehende Seite:
Die klassizistisch-vornehme Abfertigungshalle des Zentralbahnhofs von Oslo.

Gegenüberliegende Seite.
Oben: Das Holmenkollen-Rennen in Oslo.

Unten: Zug der Bergen-Bahn in der Ödnis der Hardangervidda unweit Finse, er wird von einer El. 16 (erbaut von ASEA) gezogen.

Container- und Güterzug bei Kristiansand an der norwegischen Südküste.

In Flåm am Südende des Aurlands-Fjords werden Schafe in einen Güterzug der Zweiglinie nach Myrdal verladen.

Auf dem Hochland der Hardangervidda bei Haugastøl werden Holzbett und Schwellen erneuert.

In kühnen, in den Fels geschlagenen Rampen windet sich die Flåm-Bahn von Myrdal im Hochland auf Meereshöhe hinunter.

Ein Zug der Rauma-Bahn, bespannt mit einer Di.3-Diesellokomotive, unter den Felsriesen der Trolltindane (Trollzinnen).

Gegenüberliegende Seite. Oben links: Hier soll von Zeit zu Zeit jemand aussteigen (aufgenommen an der Rauma-Bahn im Romsdal unweit Verma.

Oben rechts: Gedenkstein zur Eröffnung der Rauma-Bahn am 29. November 1924 in Verma.

Unten: Ein Zug der Rauma-Bahn, bespannt mit einer Di.3-Diesellokomotive am Rauma-Fluß unweit Bjorli.

RAUMABANEN
APNET 29 11 192

Station Dovre an der Dovrefjell-Bahn; Höhe über Meer: 485,30 Meter.

Schweißarbeiten an einem Kranwagen (aufgenommen in Hjerkinn an der Dovrefjell-Bahn).

Auf dem Dovrefjell in der Nähe von Hjerkinn; Holzzäune schützen die Strecke vor Schneeverwehungen.

Zug der Bodø-Bahn in Doppelbespannung bei Fauske am Skjerstad-Fjord.

Tannen-Birken-Mischwald entlang der Strecke der Bodø-Bahn bei Storfosshei wenige Kilometer südlich des Polarkreises.

Meer, Wald, Fels und Tunnel: Die Bodø-Bahn bei Fauske auf 67° 17′ nördlicher Breite.

RIKSGRÄNSEN
RIKSGRÄNSEN
LÄKTATJÄKKA
BJÖRKLIDEN
BJÖRKLIDEN
ABISKO
TURIST

Gegenüberliegende Seite.
Oben links: Ein mit zwei Di.3-Dieselmaschinen bespannter Zug der Bodø-Bahn am Polarkreis.

Oben rechts: Erzzug der Ofotbahn bei der Einfahrt in Narvik; er wird gezogen von einer Dm 3-Drillingslokomotive.

Unten: Skitransportwagen der Ofotbahn, abgeteilt nach Destinationen: Vassijaure/Katterjåkk, Riksgränsen, Låktatjåkka, Björkliden, Abisko.

Oben: Erzverladeanlagen im Hafen von Narvik.

Folgende Seite: Spätwinterliche Bahnhofszene in Narvik; vor dem Stationsgebäude ist eine Dampflokomotive als Denkmal aufgestellt.

75 Ålesund.

76 Südküste bei Egersund.

Aus Anjas Tagebuch: «Die Landschaft entlang der norwegischen Südküste, zwischen Stavanger und Varhaug, läßt mitunter an Irland denken: Steinmäuerchen umschließen das bebaute Land, das man mühsam von riesigen Gesteinsbrocken gesäubert hat. Hinter Varland werden die Gesteinsbrocken zu Felsen, die bis ins Meer hinausreichen – eine wundervolle Landschaft, durchschnitten von der Trasse der Eisenbahn. Alle paar Meter erblickt man zwischen den Felsen größere und kleinere Seen, die, einer hinter dem anderen, in verschiedenen Schattierungen von Grau schimmern. Dazwischen, als Farbtupfer, kleine Felder und Bauernhäuser.

Kommt man weiter in Richtung Kristiansand, so sind die Felsen mit Büschen und Bäumen bewachsen – und entsprechend weniger imposant.»

77–84 Aus Anjas Tagebuch: «Die schwedischen und norwegischen Züge verfügen über bequemes, fast luxuriöses Rollmaterial. Die Sitze sind mit weichem Plüsch bezogen; in jedem Wagen findet man eine saubere Toilette, Trinkwasser und eine Garderobenecke für Mäntel und Hüte, ausgestattet mit Kleiderbügeln, die speziell für die Bahn verfertigt wurden. Eine Notiz an der Fensterwand mahnt: ‹Kasta ej ut föremål, som kan vålla brand eller annan skada!› Also: Keine Gegenstände aus dem Fenster werfen! – aber mit dem Zusatz: ‹die Brände oder andere Schäden verursachen können!›

Nur sehr schwer findet man Kontakt zu den Mitreisenden. Jedermann ist peinlich darauf bedacht, die Privatsphäre des anderen zu respektieren; umgekehrt will man aber auch selbst ungestört bleiben. Diese Mentalität hat sich im Verlauf der Jahrhunderte auf den einsamen Höfen entwickelt: in der Abgeschiedenheit zählte bloß die eigene Familie – und im Notfall noch diejenige des Nachbarn.»

85 Denkmal König Karl Johanns XIV. vor dem königlichen Palast in Oslo.

Aus Anjas Tagebuch: 15. März 1986: «Die norwegische Verkehrszentrale hat uns zu den jährlichen Meisterschaften im nordischen Skisport auf den Holmenkollen in Oslo eingeladen – eine Woche mit verschiedenen Lauf- und Sprungdisziplinen, die dieses Jahr freilich in einer Nebelsuppe versinken. Am Samstag findet der traditionelle Holmenkollenlauf für Amateure statt, ein Skimarathon über 42 Kilometer. Bemerkenswert die festliche Atmosphäre: das Publikum scheint jeden Teilnehmer mit seinen ‹Heja! heija!›-Rufen über die Ziellinie zu peitschen. Die Langläufer sieht man der alles einhüllenden Nebeldecke wegen erst in Tribünennähe auftauchen: bunte Zwerge, kurz vor dem Finish, deren Köpfe und Bärte von Eiszapfen starren.

Am letzten Tag, einem Sonntag, geht die Weltmeisterschaft im Skispringen über die Bühne. Unter Musikbegleitung zieht die königliche Familie in ihre Zuschauerloge ein. Alle Anwesenden erheben sich, die Nationalhymne ertönt, unterstützt aus hunderttausend Kehlen. Dann gleiten hintereinander die Teilnehmer über die Schanze, die Landesfahne in der Hand. Ein erstaunlicher Anblick: die bunten Fahnen, die mit Höchstgeschwindigkeit vorbeiflattern, während das Publikum applaudiert.

Wir sitzen auf Schaumstoffkissen, die man am Eingang kauft und die uns vor der schlimmsten Kälte der mit Schnee bedeckten Steinbänke schützen. Das Stadion ist ausverkauft. Beifallsrufe steigen bei jedem Sprung zu den Tribünen empor, aber der Lärm verdoppelt sich noch, wenn ein norwegischer Springer sein Können zeigt.»

86 Ölplattform bei Stavanger, im Bau.

87 Oslo. Blick auf das Stadtzentrum.

88 Die Bahnlinie Bergen–Oslo auf der Hardanger-Hochebene bei Finse.

Aus Anjas Tagebuch: «Graue Wolken hängen schwer über den Randgebirgen der Hardanger-Hochebene. Der Aufstieg von Bergen her, durch eine enge Schlucht mit steilen Granitfelsen auf beiden Seiten führend, hat bewirkt, daß ich mich klein und hilflos fühle.

Die riesige, 7500 Quadratkilometer messende Hochebene – Europas größter Bergrücken – sieht aus, als bestehe sie aus einem einzigen, soliden Stück Granit. Nur eine dünne Vegetationsschicht, meist Rentiermoos, bedeckt den Fels. Dutzende von Fußpfaden durchkreuzen die Ebene. Es gibt nur eine Autostraße und die Bahn.

Die Wolken ziehen unaufhörlich vorbei, wechseln ihre Form. Dann wieder jagt sie ein Sturmwind, reißt Löcher hinein, so daß die Sonne sich zeigt.

Das Klima der Hardanger Vidda ist harsch – nicht umsonst hat sich Polarforscher Robert F. Scott hier auf seine Expedition zum Südpol vorbereitet.

Um das eigentliche Wesen der ‹vidda› zu erfassen, sollte man in Finse aussteigen – also mitten in der Ebene, in der Nähe des Hardangerjökul-Gletschers. Von da aus sollte man einen tagelangen Fußmarsch antreten – den Rucksack umgeschnallt, von Hütte zu Hütte wandernd, das sanfte Rentiermoos wie einen doppelten Berberteppich unter den Füßen. Und sich von der Einsamkeit, der Größe und der Weite einhüllen lassen ...»

89–92 Aus Anjas Tagebuch: «Bergen, der Pißhafen Europas! Wenn auch ein wunderschöner... Sogar die Norweger finden, mit dem Regen werde hier ein bißchen übertrieben. Es heißt hier, die Hunde in Bergen würden jedermann verbellen, der ohne Regenschirm über die Straße gehe.

Oder dann dieser: Ein verzweifelter Tourist hält auf der Straße ein Kind an und fragt: ‹Regnet es hier immer so lange?› Worauf das Kind antwortet: ‹Keine Ahnung, mein Herr, ich bin erst achtjährig.›»

93 Hölzerne Lagerhäuser in Bergen. Im 13. Jahrhundert, unter König Haakon IV., wurde Bergen zur Residenzstadt der norwegischen Könige. König Haakon war es auch, der im Jahre 1250 mit der deutschen Hansestadt Lübeck einen Handelsvertrag schloß. Der Handel mit Norddeutschland, der zu dem seit jeher gepflegten Handelsverkehr mit England hinzukam, brachte den Bürgern von Bergen wachsenden Wohlstand. Der Wohlstand wiederum kam den schönen Künsten zugute: es entstand ein Stadthaus nach dem andern. Da sie aber aus Holz gebaut waren, war ihnen kein langes Leben beschieden. Zu verschiedenen Malen suchten Feuersbrünste die Stadt heim; nur noch wenige hölzerne Bürger- und Lagerhäuser aus dem Mittelalter haben überlebt.

94 Die hölzerne Stabkirche von Torpo aus dem 12. Jahrhundert hat sich beinahe vollständig erhalten. Leider wurde die Kanzel zerstört, aber das Kirchenschiff ist praktisch zu hundert Prozent original.

Die Deckengemälde, die wahrscheinlich aus dem 18. Jahrhundert stammen, erzählen das Leben der Heiligen Margareta aus Antiochia, der Schutzheiligen der Kirche. Um die Hand Margaretas hatte der Römer Olibrius angehalten. Als sie ihm als Nichtchristen ihr Jawort verweigerte, ließ er sie auspeitschen und in einen leeren Brunnen werfen. Mit Gottes Hilfe wurde sie errettet – aber nicht für lange. Die herrlichen Deckengemälde zeigen, wie Margareta einem Drachen in die Klauen gerät, von ihren Feinden gefangengesetzt und schließlich enthauptet wird. Ihre Seele steigt in den Himmel, während den üblen Olibrius der Teufel holt.

95 Inneres der Stabkirche von Uvdal.

96 Kanzel der Stabkirche von Uvdal mit Dekorationen aus dem Jahre 1770.

97 Die Stabkirche von Borgund stammt aus dem 12. Jahrhundert und ist eine der besterhaltenen Kirchen dieser Art im ganzen Land.

Die Täler Norwegens waren bis ins 18. Jahrhundert praktisch voneinander abgeschlossen, so daß jedes seine eigene Kultur schuf. Die Volkskunst erlebte dank der isolierten Lebensweise eine einzigartige Blüte.

Erst im Verlaufe des 18. Jahrhunderts wurden in Wohnhäusern und Kirchen Wand- und Deckengemälde geschaffen. Bis dahin hatte die Holzschnitzerei als Schmuckelement dominiert. Sie ging zurück auf die Wikingerzeit: eines der berühmten Wikingerschiffe, aus dem Jahre 850, das bei Oseberg geborgen wurde und als Begräbnisschiff für eine Adlige diente, zeigte als Grabbeigaben eine wundervolle geschnitzte Festkutsche und eine Anzahl Schlitten mit reichen Schnitzereien auf den Seitenwänden.

Es heißt, daß Norwegen im Mittelalter mehr als neunhundert Stabkirchen besessen habe. Heute bleiben bloß noch 32. Das Bauprinzip einer hölzernen Stabkirche ist das folgende: durch die vier Ecken einer hölzernen Plattform, die als Fundament dient, rammt man vier Pfähle in den Boden; diese tragen das Kirchendach.

Später hat man die einfachen Stabkirchen beträchtlich erweitert. Man fügte Emporen und Türme an. Bei einigen Kirchen entwickelten sich die Dachfirstenden zu Drachenköpfen mit wunderschönen Schnitzereien – eine Fortsetzung der herkömmlichen geschnitzten Verzierungen an Portal, Türen und Säulen. Die Basis dieser reichen Ornamentik bilden Tierfiguren, umschlungen von schlanken Schlangen und Rankenwerk.

98 Die 1924 eröffnete Raumabahn verbindet die Inlandlinie nach Trondheim mit Åndalsnes; sie beginnt in Dombås. Die Trasse windet sich durch eine großartige alpine Landschaft mit vielen spektakulären Aussichten. Wir donnern an mehreren Wasserfällen vorbei, überqueren schwindelerregende Schluchten; tief unten sehen wir den Fluß Rauma schäumen und gurgeln. Eine der Brükken, 76 Meter lang, trägt den Namen ‹Tigersprung›. Kurz vor Åndalsnes führt die Linie entlang den Trolltindane-Bergen. So steil sind diese Hänge, daß die Bergflanke über dem Romsdal erst im Jahre 1967 von einer Gruppe französischer Bergsteiger bezwungen wurde.

99–101 Landschaft der Trolle und Götter am Jostedalsbreen-Gletscher. **101:** Wasserfall am Weg zur Gletscherzunge Brikdalsbre.

<u>Aus Anjas Tagebuch:</u> «Der frischgefallene Schnee ist unglaublich leicht und luftig, aber wenn er einige Zeit liegenbleibt, wird er zu einer festen Schicht zusammengepreßt. Ist der Sommer kurz und kühl, wie so oft auf den Hochebenen Norwegens, schmilzt nur ein Teil der Schneemassen. Jahr für Jahr kommen neue Schichten hinzu; ein Gletscher entsteht. In den schüsselförmigen Mulden unter den Berggipfeln sammelt sich das Eis an, überflutet schließlich die Mulden und bewegt sich hangabwärts. Es wird zu einem regelrechten Eisstrom, der das charakteristische Blauweiß beibehält.

Da der Druck der Millionen Tonnen Eis dauernd anwächst und sich der Gletscher fortwährend bewegt, bildet sich Reibungswärme; dadurch formen sich kleine Bäche, die unter den Eismassen hervordringen.

Der Jostedaalsbreen-Gletscher entstand während der letzten Eiszeit; mit seiner Oberfläche von 815 Quadratkilometern ist er der größte Gletscher Festlandeuropas. Hier haben sich nicht nur die Mulden mit Eis gefüllt – selbst die über 2000 Meter hohen Gipfel sind mit Eis bedeckt. Man schätzt, daß die Dicke der Eismassen stellenweise 450 Meter beträgt. Eine der Zungen des Jostedaasbreen-Gletschers, die leicht zu erreichen ist, heißt Brikdalsbre und liegt in der Nähe von Olden. Man erreicht sie zu Fuß in zwanzig Minuten; für müde Wanderer stehen auch Pferd und Wagen bereit.»

102 Laerdal am Laerdalsfjord, einem Seitenarm des Sognefjord.

103 Ein weiterer Seitenarm des Sognefjord, der Aurlandsfjord, bei Flåm.

<u>Aus Anjas Tagebuch:</u> «Während der letzten Eiszeit bewegten sich die landgebundenen Gletscher in südlicher und westlicher Richtung und höhlten tiefe Rinnen in

die Oberfläche. War einmal die Küste erreicht, so konnte das Meer landeinwärts dringen: so entstanden die Fjorde.

Der Sognefjord ist 204 Kilometer lang und weist zahlreiche Seitenarme auf. Alle die lyrisch-beschwingten Schilderungen über die Schönheit der norwegischen Fjorde und Berge übertreiben mit keiner Silbe.

Wir sind in Flåm am Ende des Aurlandsfjords – eines Seitenarms des Sognefjords –, um die Bahnfahrt auf dem Sonderzug nach Flåm ja nicht zu verpassen. Die Züge nach Flåm haben Anschluß an die Linie Oslo–Bergen; man steigt in Myrdal um. Zwischen Myrdal und Flåm führt das Trassee durch ein steiles, enges und wunderschönes Bergtal, wobei auf zwanzig Kilometer eine Höhendifferenz von 865 Metern überwunden wird. Die Fahrt dauert 45 Minuten – nicht nur wegen der vorsichtigen Fahrweise auf den steilen Strecken. Der Zug hält auch mehrere Male an besonders eindrücklichen Aussichtspunkten, so daß die Fahrgäste in Muße die Aussicht bewundern und Fotos machen können.

Die Linie nach Flåm wurde in den 20er Jahren vollendet. Sie sollte die Region rund um den Sognefjord aus ihrer Abgeschiedenheit befreien – bis dahin nahmen die Anwohner das Kursschiff nach Bergen oder kletterten zu Fuß nach Myrdal, wo sie in den Zug nach Bergen oder Oslo stiegen. Die Leute im Dorf erzählen uns, daß der Bau der Linie zwanzig Jahre dauerte und rund zwanzig Millionen Kronen kostete. Damals gab es keine Straßen, und auch die Straßen von heute sind sehr eng und teilweise ohne Belag. Seit ein paar Jahren bemüht man sich jedoch, die Straßen auszubauen. Man hat sogar eine neue Autostraße begonnen, die mit Hilfe vieler Tunnel dem Fjord entlangführt und an die Hauptstraße zwischen Oslo und Bergen anschließt. So befürchtet man heute sogar, die Bahnlinie nach Flåm könnte überflüssig werden.

Wir haben Flåm aber auch des Mittsommernachtsfestes wegen gewählt – jedermann erzählte uns von den besonders farbigen Bräuchen: von kleinen Kindern in der Landestracht, einer Dorfmusik und einem riesigen Feuer, von Gesang und Tanz.

Aber nur vier Kinder tragen schließlich die herkömmliche Tracht; sie werden von ihren nervösen Müttern begleitet. Sie müssen eine Strecke von vierhundert Metern vom Bahnhof zum ‹Festplatz› zurücklegen; hinter ihnen die Dorfmusik und die meisten Dorfbewohner, dazu eine Handvoll Touristen. Ohne Begeisterung spielen die Musiker die altbekannten Weisen herunter und erhalten wohlwollenden Applaus von den treuen Zuhörern.

Der erste Teil des Programms wickelt sich im Gemeinschaftszentrum ab: Kaffee, Kuchen und eine Tombola. Um neun Uhr wird der Holzstoß entzündet, dazu spielt die Dorfmusik. Jedermann schaut dem Feuer aus sicherer Entfernung zu. Niemand singt oder tanzt, niemand setzt sich in der Nähe des Feuers nieder. Eigentlich passiert überhaupt nichts: man starrt treuherzig in die Flammen und beklatscht die Dorfmusik, die noch eine Nummer spielt. Nach einer Stunde ist das Feuer niedergebrannt und jedermann geht seiner Wege; es bleibt nichts als ein Häufchen Glut und Asche. Ein äußerst enttäuschendes Fest, das diesen Namen kaum verdient, wenn man mich fragt. Irgendwie habe ich erwartet, daß in einem Land, in dem man während Monaten unter Schnee und Dunkelheit seufzt, Mittsommer bis weit in den Morgen hinein gefeiert würde. Aber das Fest hat sich verzettelt, bevor die Flammen verlöschten.»

104 Dovrefjell. Das Christentum wurde den Norwegern aufgezwungen – zuerst von König Olaf Tryggvesson (Olaf I.), und zwar rund ums Jahr 1000. Olaf, der das wüste Leben eines plündernden Wikingers geführt und dabei große Schätze erobert hatte, wurde in England zum Christentum bekehrt; seine Kampagne stieß in Norwegen auf wenig Widerhall. Er starb im Jahre 1000, und erst fünfzehn Jahre später erschien ein neuer Olaf, der sich zum christlichen König über ganz Norwegen ausrief: König Olaf Haraldsson oder Olaf II., besser bekannt als Olaf der Heilige. Er führte die Bekehrungsarbeit mit mehr Erfolg weiter – auch wenn er dabei wenig christliche Eigenschaften wie Gewalt und Grausamkeit an den Tag legte. Rund um das Jahr 1030 wurde das Christentum zur Staatsreligion erklärt.

König Olaf II. starb am 29. Juli 1030 den Tod auf dem Schlachtfeld und wurde in Trondheim begraben. Kurz nach seinem Tod erzählte man sich von Wundererscheinungen, die an seinem Grab stattfanden. Ein Jahr später grub man seine Leiche aus und überführte sie in ein Grabmal. Da seine sterbliche Hülle auffallend unversehrt schien, glaubte man an ein Wunder, und Olaf wurde kanonisiert. Er galt dem Volke fortan als Märtyrer – Sankt Olaf, der in ganz Europa verehrt wurde. Sogar in Konstantinopel anerkannte man ihn als Heiligen. Kirchen und Andachtsstätten wurden zu seinem Gedenken errichtet, sowohl in Norwegen wie anderswo. Aber Zentrum des Olafkults war natürlich Trondheim, wo über Olafs Grab im Jahre 1300 die berühmte Nidaroskathedrale erstand. Jedes Jahr pilgerten Tausende nach Trondheim, und viele von ihnen überquerten dabei den Dovrefjell – eine sumpfige Hochebene, umrahmt von Bergen bis zu 2300 Meter Höhe. Heute führt die Dovrebahn entlang dem Pilgerpfad von einst.

105–107 Aus Anjas Tagebuch: 16. Juni: «Die ungepflasterte Jotunheimenstraße führt von Skåbu nach Bygdin, dies über eine 1300 Meter hoch gelegene Hochebene. An einer verlassenen Hütte muß man Straßenzoll bezahlen (30 Kronen): quer über der Straße ein Schlagbaum, daran ein Schild mit der Aufschrift ‹Selbstbedienung› und daneben eine Sammelbüchse.

Diese Privatstraße wird von den wenigen Bauern unterhalten und garantiert in der einsamen, auf weite Strecken menschenfeindlichen Gegend die einzige Verbindung zur Außenwelt.

Schneereste bedecken zum Teil die Gipfel der umliegenden Berge. Dies ist eine wilde, verlassene Landschaft. Ab und zu erhascht man einen Blick auf Norwegens höchste Berge: den 2469 Meter hohen Galdhøppigen und den Glittertind, der eigentlich 2452 Meter mißt, dank der Eiskappe auf seinem Gipfel aber 2470 Meter erreicht.

Der felsige Untergrund ist bedeckt von Rentiermoos und niedrigen, meist dornigen Gewächsen. Wind und Wolken scheinen um die Wette zu rasen. Weit entfernt sieht man dunkle Wolken, die sich ihrer Last entladen: schwere Schauer wie Schraffur zwischen Wolke und

Erde. Einige verstreute Berghütten weisen mit Grasklumpen beschwerte Dächer auf, was wohl die Isolation verbessern helfen soll. Auch wenn das Klima hier unwirtlich und kühl ist, so werden wir doch durch die großartige Landschaft entschädigt, über der ein herrlicher Himmel mit ewig wechselnden Wolken hängt. Es dürfte schwerfallen, eine Landschaft zu finden, die dieser hier an Dramatik und wilder Schönheit gleichkäme.

Die Baumgrenze liegt hier zwischen 800 und 1000 Meter, und die Straße schlängelt sich dauernd über und unter diese Linie, so daß man nur zwanzig Meter an Höhe zu verlieren braucht, um schon die ersten Zwergbirken auftauchen zu sehen. Wir treffen auch eine Rentierfamilie an. Wir haben just vor einer Kurve angehalten, da kommen sie uns gutmütig entgegen. Sie schlagen sich fast zögernd seitwärts, offensichtlich ohne Angst, und halten auf dem nächsten Hügel an, um uns voller Neugierde zu betrachten. Erst wie Paul sein Teleobjektiv hervorholt, ergreifen sie die Flucht – wahrscheinlich argwöhnend, es handle sich um ein Gewehr.

Die einzigen Laute, die man hier hört, sind das Rauschen der zahlreichen kleinen Wasserfälle und Bäche sowie ab und zu der jammervolle Schrei eines Kiebitzes. Die Fjells sind ein Paradies für Bergsteiger, aber auch die Bergwanderer finden hier wundervolle Routen.»

108 Das Gudbrandstal bei Dombås.

109 Dorfstraße in Svolvaer auf den Lofoten.

110 Die Stadt Røros ist bekannt für ihre Kupferminen, die bereits im Jahre 1646 eröffnet wurden – dies unter König Christian IV. von Dänemark, der damals auch in Norwegen als König herrschte. Selbst heute beutet man die Minen von Røros noch aus, wenn auch mit modernen Methoden, und gewinnt neben Kupfer auch Zink. Zeche und Arbeiterhäuser von einst sind zum nationalen Kulturgut erklärt worden und werden sorgfältig unterhalten.

Aus Anjas Tagebuch: 19. März: «Von Røros nach Trondheim senkt sich die Bahnlinie durch ein weiteres eindrückliches und wunderschönes Tal mit waldigen Hängen und blinkenden Bergspitzen, die ab und zu sichtbar werden. Bereits zeigt der Fluß die ersten Anzeichen des Tauwetters: in der Schnee- und Eisdecke tun sich schwarze Löcher auf. In dieser abgelegenen Gegend wohnen nur wenig Leute; ihre Häuser liegen wie irgendwo hingerollte Würfel über die Berghänge verstreut. Wir passieren gefrorene Wasserfälle, die mich an die Märchen meiner Kindheit zurückdenken lassen: die eisige Gestalt der Schneekönigin.»

111 Brücke über den Stjørdalfluß beim Bahnhof Gudå an der Bahnlinie Trondheim–Storlien–Sundsvall(–Stockholm).

112 Aus Anjas Tagebuch: 20. März: «Trotz der berühmten gotisch-normannischen Kathedrale (im wesentlichen aus dem 14. Jahrhundert) und der rund 135 000 Einwohner wirkt die Stadt Trondheim wie ein Dorf. Am Freitagabend gehören die Straßen der Jugend: die Burschen ziehen grölend durch die Straßen, vollgetankt mit Bier, oder dann gondeln sie in ihren verbeulten Occasionswagen rund um die Häuserblocks – letzteres mit viel Hupen und primitivem Geschrei. Die älteren Jahrgänge haben sich praktisch geschlossen auf ihre Wochenendhäuschen in den Bergen zurückgezogen.

Am Samstagnachmittag dann verlassene Straßen und geschlossene Läden. Es stimmt einen ziemlich düster, durch diese öden Straßen zu wandern, wenn langsam die Dämmerung hereinbricht, wenn die losen Leitungsdrähte bei Windstärke 8 über unseren Köpfen sirren . . .»

20. Juli: «Rund um den Trondheimfjord, besonders um Levanger und Verdal, findet sich fetter, fruchtbarer Boden. Das Gras liegt üppig auf den Wiesen. Nach all den Wochen im Hohen Norden habe ich beinahe vergessen, wie verlockend und sinnlich ein Getreidefeld aussehen kann. Das Wetter ist schön, und die Bäuerinnen bringen das Heu im Bikini ein, ein Lächeln auf den Lippen.»

113 Ein Zug der Nordlandbahn überquert den Polarkreis.

114 Angekommen aus Schnee und Sturm: Lokomotive auf der Strecke Bodø–Trondheim.

Aus Anjas Tagebuch: 23. März: «Wir nehmen den Schlafwagen von Trondheim nach Bodø, um dort das Fährschiff nach den Lofoten zu erwischen. Im Zug ein Zweierabteil mit bequemen Betten und einem Waschbekken – alles so reinlich, sauber und luxuriös wie in unserem Teil Europas die Erstklassabteile. Um viertel vor Neun in der Frühe überqueren wir den Polarkreis, mitten in einer endlosen weißen Ebene, die beträchtlich über der Baumgrenze liegt. Nirgends eine Menschenseele. Weiter geht es, an gefrorenen Seen vorbei. Einmal tauchen in der Ferne drei Langläufer auf: winzige rote Farbflecken, verloren und hilflos in dieser weißen Wüste.

Kurz vor der Ankunft in Bodø begrüßen uns ein paar blaue Stellen am Himmel: nach all dem Stilleben in Weiß und Grau sind wir erleichtert. Schneebedeckte Berggipfel türmen sich über dem Saltfjord; auf ihnen spielen zitternde Sonnenstrahlen. Einen Augenblick lang bin ich sprachlos. Es gibt keine Worte für die großartigen Landschaften Norwegens – für mich die spektakulärsten in ganz Westeuropa.»

115 Aus Anjas Tagebuch: 21. März: «In Trondheim mieten wir einen Wagen, der uns auf die Hochebene des Dovrefjell zurückbringen soll: Wir wollen den Zug auf der schneebedeckten Hochebene fotografieren. Wir nehmen die Route durch das Drivtal – eine gebirgige, höchst eindrückliche Landschaft.

Unten in Trondheim schien die Sonne, aber nach 170 Kilometern und einem Höhengewinn von 1000 Metern sind wir in einen tobenden Schneesturm geraten. Aufregend zu sehen, wie der Wind den Schnee über den Boden peitscht. In kürzester Zeit sind Straße und Gleis von Schnee bedeckt. Nach einer Stunde hört es auf zu schneien, aber der stürmische Wind weht weiter. Hier hat *man genügend Platz, hier fühlt man sich frei. Dies ist meine Welt, Schneesturm hin oder her. Hier für eine Weile leben, nur wir zwei, Musik von Bach und genügend Bücher, und gemeinsam alle Arten von Wetter erdulden...*

Aber der Zug hat sich verspätet, und der bissigkalte Wind wischt alle Tagträume von Gemütlichkeit weg – bis auf einen: wenn nur der Zug endlich kommt! Zitternd trotz unserer Polarkleidung spähen wir entlang dem Gleis, wünschen uns den Zug herbei, damit wir das Fotografieren endlich hinter uns haben und uns im Auto auftauen können.»

***116** Hängebrücke über den Efjord südlich Narvik.*

***117** Landschaft beim Porsangerfjord nicht weit von der Insel Magerøya am Nordkap.*

Aus Anjas Tagebuch: «Die Wolken hängen ihre dikken, geschwollenen Bäuche voller Regen über die Erde, bedecken sie wie ein Daunenkissen. Sie verstecken die Welt, sie verwandeln die Landschaft in schmale Streifen von Grün und Grau, wo uns doch Berge umgeben sollten.

Wir erinnern uns vage an ein paar helle Stunden irgendwann in dieser Woche. Aber sonst regiert die Farbe Grau: grau die Felsen, grau die Bretter der Hüttenwände, grau die Schieferdächer und grau der regnerisch verhangene Himmel.»

***118** Narvik, Hauptexporthafen für das schwedische Eisenerz aus Kiruna.*

***119–121** Henningsvaer auf den Lofoten.*

***122** Svolvaer auf den Lofoten.*

Aus Anjas Tagebuch: «Am 10. März 1986 brachen wir in Amsterdam zu unserer Winterreise auf, aber wir hatten überall zwei Wochen Verspätung. Das Tauwetter setzte dieses Jahr bereits anfangs März ein – überaus früh für die Länder des Nordens. In Stockholm und Oslo wurden uns Nieselregen und Nebel zuteil, welche die Straßen in einen matschigen Morast verwandelten.

Auf den Lofoten sind die Straßen am 23. März bereits schneefrei – noch vor zwei Wochen lagen hier zwei Meter Schnee. Die Temperatur beträgt sechs Grad (Plusgrade!) – es ist wärmer als in Paris. Und dabei befinden wir uns nördlich vom Polarkreis, wo man zu dieser Jahreszeit Schneestürme, Eisbären und Minustemperaturen von mindestens fünfzehn Grad erwartet. Unsere spezielle Polarausrüstung, die uns bis minus dreißig Grad schützt, hätten wir getrost zu Hause lassen können, was uns viel Plackerei erspart hätte.

Seit dem 12. Jahrhundert fahren Fischer von diesen Inseln ins Meer hinaus. Zu Beginn jedes Jahres (bis etwa Mitte April) ziehen Millionen Kabeljau vom Eismeer in die Gegend der Lofoten, um hier zu laichen. Der milde Golfstrom bietet den Fischen ideale Laichbedingungen, und gerade in dieser Jahreszeit vermehrt sich das Plankton enorm. Was die diesjährige Fangsaison betrifft, so wären wir ohnehin zu spät gekommen. Seit 130 Jahren hat man hier keine derart mageren Fänge mehr gesehen; viele Fischer kehrten vorzeitig zu Ostern zurück. Diejenigen, die ausharrten, trocknen jetzt einen Teil ihres Fanges auf hohen, langen Gestellen aus Holz – so entsteht der Stockfisch. Es riecht recht angenehm, salzig und stark. Um die Möwen davon abzuhalten, sich zu bedienen, haben die Fischer die Bälge ein paar riesiger schwarzrückiger Möwen auf hohen Pfählen über den Gestellen aufgehängt. Nur die Krähen lassen sich von den Vogelscheuchen nicht abschrecken und schlagen sich nach Herzenslust den Bauch voll.

Große schwarzrückige Möwen drängen einander mit viel Geschrei zur Seite, während sie nach den Fischresten tauchen, welche die zurückkehrenden Fischer über Bord schmeißen.

Die Überfahrt von Bodø nach den Lofoten ist die eindrücklichste Schiffsreise, die ich je erlebt habe. Diese grimmigen Berge mit ihren schroffen Konturen, die scharf aus dem Meer hochragen – sie gleichen eher einer zerfetzten Wand. Nur daß man beim Näherkommen realisiert, daß sie ganze Inseln bilden. Der Anblick erschüttert mich zutiefst. Es gibt keine Worte, die Wunder dieses Anblicks zu beschreiben, den beinahe körperlichen Schmerz, den mir soviel Schönheit zufügt, die ich hier auf dem Bootsdeck stehe und staune. Ich fühle mich gleichzeitig traurig und beschwingt. Ich weiß, daß ich diesen Anblick sehr wahrscheinlich zum letzten Mal vor Augen habe – aber welches Glück, überhaupt hier sein zu dürfen!

Die meisten Inseln sind durch Brücken miteinander verbunden. Der Fischfang bildet heutzutage nicht mehr die einzige Erwerbsquelle der Bevölkerung; man betreibt jetzt die Landwirtschaft über das ganze Jahr hinweg.

Unten auf die Speisekarte hat ein Restaurantbesitzer in Svolvaer recht zynisch notiert: ‹Eine Mahlzeit ohne Wein ist wie ein Tag ohne Sonne.› Es fällt etwas schwer, das zu unterschreiben, denn eine Flasche Wein kostet doppelt soviel wie in Holland, während die Sonne während der zwei Wintermonate weder für Geld noch für gute Worte zu haben ist.

Der Postbeamte ist ein derart eingefleischter Inselbewohner, daß er mich fragt, ob meine Briefe nach Holland und den USA per Schiff verschickt werden sollen.»

***123** Der Lyngenfjord in der Provinz Troms.*

Aus Anjas Tagebuch: «Im allgemeinen fliege ich recht gerne, wenn ich diese Transportart auch manchmal allzu effizient finde. Wer von Holland aus in zwölf Stunden nach Delhi fliegt, dem fehlt die Zeit, sich anzupassen: ein allzu schneller Sprung in eine andersgeartete Kultur.

Aber jetzt, hoch über der schneebedeckten Bergwelt von Nordnorwegen, auf dem Flug von Alta nach Narvik, genieße ich das Fliegen außerordentlich. Das Flugzeug ist verhältnismäßig klein, eine viermotorige Propellermaschine, die recht tief fliegen kann. Beim Einsteigen beeilen wir uns, um Fensterplätze zu kriegen – Paul, weil er fotografiert, ich, weil ich die Aussicht genießen will.

Mein Gott – welch wundervoller Anblick! Riesige Gebiete unberührten Schnees, der Berggipfel und gefrorene Flüsse bedeckt, die wie weiße Bänder durch das Land mäandern. Die schwarzen Birken stehen kahl und erbar-

menswürdig in all dieser Weißheit. Leere, unbewohnte Gegenden. Weiße Fußpfade quer über bewaldete Abhänge, wo man für den Transport der Leitungsmasten die Bäume rodete. Keine einzige Spur eines Skifahrers.

In einer Stunde werden wir hier unten, viel näher an der gefrorenen Erde, den Zug nehmen und durch diese weiße Wunderwelt fahren, von Narvik nach Kiruna.»

124–127 *Samen, die Ureinwohner Lapplands, in ihren schönsten Kostümen, die sie zur Osterfeier in Kautokeino angezogen haben.*

Einige Zitate aus dem Buch «Greetings from Lappland – the Sami, Europe's Forgotten People» des Sami-Autors Nils-Aslak Vakeapäa:

«Viele Bewohner des südlichen Norwegen behaupten, sie wüßten nicht, daß das Wort ‹Lappe› auf Norwegisch einen verächtlichen Beigeschmack habe. Im Norden weiß man es um so besser. ‹Lappe› ist ursprünglich ein finnisches Wort. Obwohl das Wort ‹Lappe› für einen Englischsprachigen keine abfälligen Assoziationen erweckt, tut es das beim betroffenen Volk, den Samen.»

Vakeapäa weiter: «Die Regierungen der skandinavischen Länder wollen nicht wahrhaben, daß wir Samen unsere eigenen Rechte und Anspruch auf unser eigenes Gebiet haben. Wollen wir unsere Wünsche durchsetzen, so unterdrückt man uns, entweder nach ‹Recht und Gesetz› oder durch den Einsatz von Gewalt. Dieses Buch stellt also einen spontanen Protestschrei dar.

Indem man uns Land und Wasser wegnimmt, beraubt man uns der Grundlagen unserer Existenz. Zwei davon sind Fische und Rentiere. Wenn es keine Rentiere mehr gibt, verschwindet ein wichtiger Teil der samischen Kultur.

Die Samen wollen keinen eigenen Staat; das wäre allzu unrealistisch. Wer weiß, daß große Militärbasen im Norden aller skandinavischen Länder errichtet wurden und daß es zudem noch Erdölvorkommen gibt, für den steht fest, daß ein samischer Staat ein utopischer Gedanke bleiben muß. Aber irgendeine Art von Autonomie wollen wir Samen; in dieser Richtung muß die Lösung des Samenproblems liegen.

Gebildete Vertreter der westlichen Kultur bemühten sich, mir klarzumachen, wie rückständig und primitiv die Kultur meines Volkes sei. Heute ist die Menschheit einer Katastrophe so nahe, daß wir diese ‹fortschrittliche Zivilisation› zu Recht als größte denkbare Gefahr für die Geschichte der Menschheit bezeichnen können.»

128/129 *Die Insel Mageröya.*

130 *Das Nordkap von Mageröya.*

<u>Aus Anjas Tagebuch:</u> 3. Juli 1986: «Während Tagen sind wir durch eine rauhe, öde und leere Landschaft gefahren: Norwegisch Lappland, die Provinz mit dem Namen Finnmark, von Menschenhand beinahe unberührt. Nach Alta, entlang der Straße in Richtung Nordkap, sind die meisten Berge noch von Schnee bedeckt, obwohl sie sich kaum 600 Meter hoch erheben. An den Berghängen und in den Tälern Zwergbirken; daneben wachsen verschiedene Moose und Beerensträucher.

Bereits auf 300 Meter Meereshöhe ist die Baumgrenze erreicht. Diese rauhe, öde Landschaft rührt mich stärker auf als die endlosen Fichtenwälder. Diese kargen Felsen und die Vielfalt der Grün- und Grautöne der verschiedenen Moosarten beeindrucken mich tief.

In Kåfjord warten wir auf die Fähre, die uns nach Mageröya bringen soll – der Insel, welche im Nordkap endet. Hier gibt es überhaupt keine Bäume mehr, selbst anfangs Juli finden wir überall noch Schneereste.

Honningsvåg, der Hafen der Insel Mageröya, besteht aus farbigbunten Häusern, die an den Felsen zu kleben scheinen. Wenn die Fähre angekommen ist, zieht jedermann gleich weiter zum Nordkap, das 35 Kilometer von hier liegt. Wir schließen uns an. Das Nordkap entpuppt sich als lärmiger Marktplatz voller Autos und Touristen, die alle Tausende von Kilometern zurückgelegt haben, nur um das Phänomen der Mitternachtssonne vom Nordkap aus zu erleben.

Die Insel besteht aus einem einzigen riesigen Felsen, der zum Teil mit Moos und winzigen Blumen bedeckt ist. Rentierherden wie wandernde Punkte, dann wieder Rentiere ganz in unserer Nähe. Sie weiden in aller Ruhe; keine Stechmücken plagen sie. Um ihnen zu entkommen, haben sie ihr Leben aufs Spiel gesetzt.

Wenn sich der Frühling ankündigt, werden die Rentierherden, die um diese Zeit auf den Hochebenen der Finnmark weilen, unruhig. Tagsüber schmilzt der Schnee, nachts wird er zu Eis, so daß die Nahrungssuche immer schwieriger wird. Die Rentiere wissen auch, daß zusammen mit der Schneeschmelze die Stechmücken kommen. In dieser Zeit werden die Rentierkälber geboren. Diejenigen, die überleben, sind nach ein paar Tagen stark genug, der Herde zu folgen.

Die große Wanderung beginnt – eine harte und lange Reise für Tier und Mensch, auf der man viele Verluste in Kauf nehmen muß. Die Tiere sind von der einseitigen Ernährung der Wintermonate her geschwächt; der Zug kommt nur langsam voran. Bei der Ankunft an der Küste sind Mensch wie Tier geschwächt und erschöpft – aber für viele Rentiere ist die Reise immer noch nicht zu Ende. Da die besten Weideplätze auf den Inseln vor der Küste liegen, schwimmen die meisten über die Meerenge, was erneut eine Anzahl Todesopfer kostet.

Kein Baum wächst auf dieser Insel im hohen Norden, und trotzdem fasziniert mich dieses eigenartige, schöne Stück Fels. Doch man stellt sich nur schwer vor, wie das wohl ist: Wer hier geboren wurde, nie wegreist und dann hier stirbt, hat nie einen Baum gesehen, nie eine Wiese voller Blumen. Mein Entzücken über diesen Felsen, der sich Insel nennt, ist natürlich das snobistische Entzücken des Verwöhnten. Ich habe erst zwei Tage hier verbracht und würde gerne noch ein bißchen länger bleiben – aber würde ich für den Rest meines Lebens hier bleiben wollen? Natürlich nicht. Aber das Wichtigste ist: Ich <u>kann</u> darüber entscheiden.»

T.BERSET
BOLIGHUSET

77–82

83

84

85

86

87 ▷

89 90

91

◁ 88

92 ▷

Gjeld ikke
torghandlere
5307 ASK

94

◁ 93

95

96

97 ▷

99

100

◁ 98

101 ▷

102

103 ▷

105

106

107

109

110

111 ▷

NSB

ALBERT E. OLSEN

◁ 112

114

115 ▷

117

120

121

KONGSTIND
SVOLVÆR

124

125

126

127 ▷

129

130 ▷

DIE BAHNEN ZWISCHEN NORD- UND OSTSEE

René Ellenberger

Die Eisenbahnen Dänemarks

Der erste Schritt zum Eisenbahnbau in Skandinavien erfolgte in der damaligen dänischen Monarchie (Königreich Dänemark und Herzogtümer Schleswig und Holstein) im Jahre 1835: eine Kommission sollte prüfen, in welcher Weise dem Wettbewerb zu begegnen sei, der dem dänischen Durchgangsverkehr durch die von den norddeutschen und den Hansestädten geplanten Eisenbahnen zwischen Nord- und Ostsee drohte. Gestützt auf die Arbeiten dieser Kommission, begann man mit dem Bau der 106 km langen Eisenbahn von Altona nach Kiel, die am 18. September 1844 eröffnet wurde. Genau ein Jahr später wurde auch die 34,6 km lange Strecke von Neumünster nach Rendsburg dem Betrieb übergeben. Ende des Jahres 1840 erschien eine von zwei Staatsbeamten – Søren Hjorth und Peder Skram – verfaßte Schrift, in der für den Bau von Eisenbahnen geworben wurde. Und dem Unternehmungsgeist des Kopenhagener Industrievereins ist es zu verdanken, daß am 27. Juni 1847 die erste Eisenbahnstrecke im heutigen Königreich, die etwa 30 km lange Linie von Kopenhagen nach Roskilde, eröffnet werden konnte.

Der Kopenhagener Industrieverein hatte am 25. Mai 1844 die Konzession auf die Dauer von 100 Jahren erhalten. Die Baukosten beliefen sich auf 130 000 Kronen damaliger Währung. Die Erwartungen, die man in bezug auf die Rentabilität der Bahn hegte, verwirklichten sich, wenigstens in den ersten Jahren, nicht. Aber nach und nach zeigte sich Aussicht auf eine angemessene Verzinsung, und das Interesse am Eisenbahnbau erwachte. Aus allen Landesteilen liefen Anträge auf Konzessionierung neuer Linien ein.

Gleich nach Erteilung der erwähnten Konzession trat der Kopenhagener Industrieverein diese an eine Aktiengesellschaft, die am 2. Juli 1844 gegründete Seeländische Eisenbahngesellschaft, ab. Laut Gesetz vom 27. Februar 1852 erhielt die Gesellschaft die Genehmigung zur Verlängerung der Bahn bis Korsør; auch übernahm der Staat eine Bürgschaft für eine vierprozentige Verzinsung des Anlagekapitals. Die Strecke Roskilde–Korsør wurde am 27. April 1856 eröffnet.

In Jütland und auf der Insel Fünen hatte man sich noch zurückgehalten. Erst nach Erlaß des Gesetzes vom 10. März 1861, das die Regierung ermächtigte, Konzessionen für verschiedene Eisenbahnen in diesen Landesteilen mit einer Gesamtlänge von 500 km zu verleihen, konnten von der dänischen Eisenbahnbetriebsgesellschaft zwischen 1862 und 1866 mehrere Bahnstrecken dem Betrieb übergeben werden. Auf Grund des Gesetzes vom 14. März 1867 übernahm der Staat vom 1. September 1867 an den Betrieb der Bahnen in Jütland und Fünen, die somit als die ersten Staatsbahnen Dänemarks betrachtet werden können.

Am 1. Januar 1870 umfaßte das Netz der dänischen Eisenbahnen auf der Insel Seeland 167 km Privatbahnen, in Jütland und Fünen etwa 494 km Staatsbahnen.

Für den Bau von Zweigbahnen und von Bahnen in den ärmeren und schwach bevölkerten Gegenden war bisher nur wenig geschehen. Erst im Laufe der siebziger Jahre änderte sich dies: mehreren Privatgesellschaften wurden Eisenbahnkonzessionen erteilt. Immerhin war nun die Grundlage für das in Dänemark später gewählte Betriebssystem geschaffen, wonach im großen und ganzen die Hauptlinien und deren Verbindungsstrecken vom Staat verwaltet, die Zweig- und die Nebenbahnen (abgesehen von einigen Ausnahmen) dagegen durch Privatgesellschaften betrieben werden sollten. Infolgedessen wurden denn auch die von der seeländischen Eisenbahngesellschaft betriebenen Hauptlinien (ab 1. Januar 1880) auf Grund des Gesetzes vom 2. Juli 1880 verstaatlicht. Anfang 1880 umfaßte das Staatsbahnnetz 1230 km Eisenbahnen, während 338 km von Privatgesellschaften betrieben wurden. In den achtziger Jahren war der Staat bestrebt, die durch das Meer voneinander getrennten Eisenbahnstrecken miteinander zu verbinden. Mit Gesetz vom 23. April 1881 wurden das seeländische und das fünensche Eisenbahnnetz ab 1. Dezember 1883 durch die Fährverbindung über den großen Belt (Korsør–Nyborg) vereinigt.

Das Eisenbahnnetz konnte gegen den Schluß der achtziger Jahre, als der Staat 1519 km betrieb, gewissermaßen als abgeschlossen angesehen werden. Eine weitere Ausdehnung sah man nur noch bei Verbindungsstrecken und Abkürzungslinien. Aber nicht lange, denn im Verkehr mit Schweden machte sich der Mangel eines direkten Wagenüberganges (Eisenbahnfähre) mehr und mehr fühlbar. So wurde am 10. März 1892 auf Grund des Gesetzes vom 30. März 1889 die Dampffährenverbindung Helsingør (Dänemark) – Hälsingborg (Schweden) eröffnet. Am 7. Oktober 1895 erfolgte die Einweihung der Dampffährenverbindung Kopenhagen–Malmö.

Auch die veränderten Verkehrsverhältnisse im nördlichen Teil Deutschlands erheischten weitere Maßnahmen. Als eine direkte Verbindung Kopenhagen–Berlin über Gedser–Warnemünde eingerichtet wurde (seit 1. Oktober 1903), ergab sich von selbst das Bedürfnis, den Staatsbetrieb der Eisenbahn auch auf der Insel Falster einzuführen.

Im Zusammenhang mit der Eröffnung eines neuen Personenbahnhofes in Kopenhagen am 1. Dezember 1911 wurden verschiedene Bahnstrecken in und rund um Kopenhagen stillgelegt oder durch andere ersetzt.

Das Staatsbahnnetz umfaßte am 1. Januar 1912 im ganzen 1951,4 km. Außerdem besorgten die Staatsbahnen den Fährenbetrieb auf Seestrecken in einer Gesamtlänge von 120 km.

Gegen Ende des 19. und zu Beginn des 20. Jahrhunderts wurden viele neue Strecken gebaut. Da Dänemark eine Ebene ist, deren Oberfläche aus Glazialkies und -lehm besteht, war es möglich, die Bahnen ohne wesentliche Steigungen und ohne scharfe Krümmungen und große Tunnelanlagen zu bauen. Das gesamte Eisenbahnnetz, inklusive Privatbahnen, umfaßte in der ersten Dekade unseres Jahrhunderts 5300 km.

Die zunehmende Motorisierung nach dem Ersten Weltkrieg brachte eine Wende. In den dreißiger Jahren begann man, einzelne Strecken stillzulegen. Andererseits wurden damals die ersten elektrischen Lokomotiven eingeführt. Während des Zweiten Weltkrieges kam die Modernisierung zum Stillstand. Nach 1945 gab es weitreichende Veränderungen: 1954 wurden die ersten Diesellokomotiven der Reihe MY in Dienst gestellt. Zwei Jahre später wurde die Fernsteuerung eingeführt. Weil die ehemalige Fährverbindung von Gedser nach Warnemünde an Bedeutung verloren hatte, schuf man als neue Verbindung mit der wirtschaftlich erstarkten Bundesrepublik 1963 die sogenannte «Vogelfluglinie». Gleichzeitig wurden neue Hochgeschwindigkeitsdieselzüge in Betrieb genommen. 1970 richteten die DSB (Dansk Statsbaner) die ersten Containerterminals ein, und seit 1974 gibt es stündliche Intercity-Verbindungen zwischen Kopenhagen und Jütland.

Die dänischen Staatsbahnen beschlossen 1971, ihr Erscheinungsbild den modernen Gegebenheiten anzupassen. Einer Tradition folgend wollten sie durch ein zeitgemäßes Design die potentiellen Benützer besser auf sich aufmerksam machen. Denn seit der Zeit zwischen den beiden Weltkriegen hatte sich bei den DSB nur wenig geändert. Der «Dansk Designråd» (Dänischer Design-Rat) wurde ins Leben gerufen und schuf ein geglücktes System. Alles, vom Schriftzug über die Gestaltung der Bahnhöfe und der Linienpläne bis zum Muster des Stoffes für die Sitze der Personenwagen, wurde neu gestaltet. Heute präsentieren sich die DSB-Fahrzeuge in den Landesfarben rot und weiß.

Ende 1985 betrieben die DSB ein Eisenbahnnetz von 2471 km, dazu Schiffsstrecken von 295 km Länge. Sie besitzen 201 Lokomotiven, 107 Triebwagenzüge, 567 S-Bahnwagen, 859 Personenwagen, 7246 Güterwagen und 30 Fährschiffe und beschäftigen rund 21640 Personen.

Die Eisenbahnen Schwedens

Die Geschichte der schwedischen Eisenbahnen beginnt schon ein halbes Jahrhundert vor der Gründung der Statens Järnvägar (SJ) im Jahre 1856. Denn bereits 1798 entwarf und baute ein englischer Bergbauingenieur Schwedens erste Eisenbahn – eine mit Pferdekraft betriebene Strecke von ein paar wenigen Meilen Länge zwischen einer Mine und dem Hafen von Högänäs.

In den folgenden Jahren wurden zahlreiche Pferdebahnen gebaut, fast alle, um Erz oder Eisen zu befördern. Die ersten kommerziellen Passagier- und Güterlinien wurden erst 1849 und 1850 eröffnet. Auch sie betrieb man anfänglich mit Pferdekraft, stellte sie jedoch acht Jahre später auf Dampfbetrieb um.

Die Frage des Baus von Eisenbahnen wurde im schwedischen Reichstag zum ersten Mal im Jahre 1829 erörtert. Ein Vorschlag, als Ergänzung zu den vorhandenen Wasserstraßen Eisenbahnen zu bauen, fand jedoch keine Zustimmung. Erst 1845, nachdem der damalige Major im Marineingenieurkorps, Graf Adolf Eugen von Rosen, nachdrücklich für den Bau von Eisenbahnen gewirkt hatte, wurde die Frage wieder aufgegriffen. Graf von Rosen hatte ein das ganze Land umspannendes Eisenbahnnetz entworfen, das hauptsächlich mit ausländischem Kapital durch eine Privatgesellschaft angelegt werden sollte. Deshalb wurde ihm, der zuvor das Eisenbahnwesen Englands gründlich studiert hatte, durch königliche Verfügung das Recht erteilt, während zwanzig Jahren innerhalb Schwedens Eisenbahnen zu bauen; dieses Zugeständnis entzog man ihm allerdings später wieder, da er das erforderliche Geld nicht innerhalb der vorgeschriebenen Zeit hatte aufbringen können. Die Hoffnung, seine Pläne mit britischem Kapital verwirklichen zu können, hatte sich nicht erfüllt. Sein Konzept hingegen war sehr beachtet worden. Später wurde jedoch als Folge von Beschlüssen der Reichstage 1847/48 und 1850/51 einer durch von Rosen gebildeten Aktiengesellschaft eine staatliche Zinsbürgschaft für das Anlagekapital einer Eisenbahn zwischen Köping und Hult zugesagt. Diese sollte eine Verbindung zwischen den beiden großen schiffbaren Binnengewässern Vänersee und Mälarsee herstellen. Von der Gesellschaft wurde, da sie die erforderlichen Mittel ebenfalls nicht bereitstellen konnte, nur ein Teil der Bahn fertiggestellt: nämlich die am 5. März 1856 dem Verkehr übergebene Strecke Örebro–Dylta. Am gleichen Tage fand die Eröffnung einer ohne Mithilfe des Staates angelegten Anschlußstrecke von Nora nach Ervalla statt. Man kann also seit dem 5. März 1856 von einem schwedischen Eisenbahnnetz sprechen.

Bis dahin war die Anlage der Eisenbahnen ausschließlich durch private Anregung, vor allem des Grafen von Rosen, gefördert worden. Allmählich hatte man sich von der Bedeutung der Eisenbahnen überzeugt und war zur Einsicht gekommen, daß ihr Bau zu den Pflichten des Staates gehöre. Schon während der Reichstagssession 1853/54 wurde von der Regierung ein Antrag eingebracht und vom Reichstag genehmigt, wonach alle Stammbahnen im Königreich unmittelbar durch den Staat und auf Staatskosten anzulegen seien, während die Ausführung sekundärer Bahnen privaten Unternehmern überlassen werden könne, denen die königliche Regierung die Genehmigung dazu erteile. Diese Bahnbauten sollten von Fall zu Fall durch Staatszuschüsse gefördert werden. Man hoffte anfangs, die Mittel zum Eisenbahnbau durch Anleihen im Inland zu erhalten. Ein Versuch in dieser Richtung schlug indessen fehl, und später hat man fast ausnahmslos den ausländischen Geldmarkt in Anspruch genommen. Daneben wurden Steuereinkünfte und die Einnahmen aus dem öffentlichen Verkehr für den Eisenbahnbau verwendet.

Am 22. Januar 1855 gab der König dem Ingenieur und Obersten Niels Ericson die Vollmacht, die Ausführung der Staatseisenbahnen nach eigenen Erwägungen und auf eigene Verantwortung an die Hand zu nehmen, und am 30. April desselben Jahres begannen die Arbeiten an den beiden Stammbahnen, welche die Hauptstadt Stockholm mit Göteborg, der Hafenstadt an der Westküste, und mit Malmö, der größten Stadt im Süden des Landes in unmittelbarer Nähe Kopenhagens, verbinden sollten. Am 1. Dezember 1856 konnten die ersten Linien der Staatsbahnen, die Strecken Göteborg–Jönsered und Malmö–Lund, dem öffentlichen Verkehr übergeben werden. Noch im selben Jahr wurde die erste dampfbetriebene Linie zwischen Örebro und Nora, in Mittelschweden, in Dienst gestellt. Neue Linien wurden in den folgenden Jahren in schneller Folge eröffnet. Im Jahr 1860 verkehrte der erste reine Passagierzug. Schnellzüge bewältigten die 456 km lange Strecke zwischen Göteborg und Stockholm in erstaunlichen 14 Stunden. Heute dauert die Reise auf derselben Strecke 4 bis 4½ Stunden.

Ericson blieb Chef der Eisenbahnen bis Ende 1862. Während dieser Zeit nahm das Eisenbahnwesen einen raschen Aufschwung. Ende jenes Jahres hatte das Staatsbahnnetz eine Länge von etwa 630 km, zu deren Bau 52 Millionen Kronen aufgewendet worden waren. Die von mehreren Seiten gehegte Besorgnis, daß der Eisenbahnbetrieb nicht einmal die Betriebs- und Unterhaltskosten decken würde, daß man jedenfalls nicht mit einem Überschuß rechnen dürfe, erwies sich schon damals als unbegründet. Seit Anfang des Jahres 1860 konnte der Reichsschuldenverwaltung ein von Jahr zu Jahr zunehmender Ertrag überwiesen werden, und die Einkünfte stiegen stetig.

Auch nach dem Rücktritt Ericsons wurde der Bau von Stammbahnen zügig fortgesetzt: so wurden die südliche Stammbahn (Falköping–Malmö) im Jahre 1864 beendet, die nordwestliche Stammbahn (von Laxå bis zur Grenze Norwegens) und die Verbindungsbahn durch Stockholm gegen Ende 1871 fertiggestellt. Gleichzeitig mit der durchgehenden Nord-Süd-Verbindung durch die Hauptstadt wurde der Stockholmer Hauptbahnhof eröffnet. Wegen der vielen Wasserwege hatten eine Reihe von Brücken erstellt werden müssen, und ein Tunnel wurde durch einen Hügel im Süden der Stadt gesprengt – als einer der ersten mit Dynamit.

Im Jahre 1874 wurde die östliche Stammbahn (Katrineholm–Nässjö) eröffnet, während die nördliche Stammbahn (Stockholm–Boden) im Jahre 1894 vollendet war. Im folgenden Jahr wurde die Strecke Luleå–Malmberget (malmberget = Erzberg) dem allgemeinen Verkehr übergeben. Die Fortsetzung von Gällivare nach Riksgränsen mit Anschluß an die norwegische Ofotbahn nach Narvik wurde im Jahre 1903 fertig. Der Bau dieser «Erzbahn» nördlich des Polarkreises, eine der nördlichsten Bahnlinien der Welt überhaupt, war eine Meisterleistung der Ingenieurkunst. Trotz schwieriger Gelände- und Wetterbedingungen gelang es, sie in nur vier Jahren fertigzustellen, wobei in Spitzenzeiten bis zu 5000 Arbeiter auf dieser 472 km langen Linie eingesetzt waren.

Eine Eisenbahnverbindung nach Dänemark über den Öresund stellte eine natürliche Entwicklung dar. Die SJ und die dänischen Staatsbahnen (DSB) erstellten 1895 eine Fährverbindung von Malmö nach Kopenhagen. 1892 wurde die Fähr-Route zwischen Hälsingborg (Schweden) und Helsingør (Dänemark) durch eine private schwedische Eisenbahngesellschaft und die DSB eingerichtet. Von Anfang an wurden also die Öresund-Fähren an der schmalsten Stelle von den Dänen betrieben. 1909 eröffneten die Preußischen Bahnen und die SJ eine Fährstrecke direkt nach Deutschland, nämlich von Trelleborg nach Sassnitz.

Die Längenbahn durch das Bohuslän konnte im Jahre 1909 vollständig dem Verkehr übergeben werden. Nach eingehenden Untersuchungen und Vorbereitungen wurde mit dem Bau einer großen Bahn durch das innere Nordland, der sogenannten Inlandbahn, begonnen, von der zunächst die Strecke Östersund– Doroteå dem Verkehr übergeben wurde. Die Fortsetzung der Inlandbahn nach dem Eisenerzbezirk Gällivare wurde 1916 in Angriff genommen.

Das Staatsbahnnetz vergrößerte sich durch Ankauf von Privatbahnen. Im Jahre 1896 wurde die Westküstenbahn angekauft, weiter die Bahnstrecke Örebro–Frövi, die zusammen mit der im Jahre 1900 beendigten neuen Linie Frövi–Krylbo, der Strecke Örebro–Hallsberg und der Linie Mjölby–Hallsberg die Staatsbahnlinie Mjölby–Örebro–Krylbo bildete. Die vom Staat angekauften Privatbahnen bildeten indes nur einen unbedeutenden Teil des gesamten Staatsbahnnetzes, das Ende 1914 total 4857 km umfaßte. In dieser Länge waren außer den dem Staat gehörenden Bahnen Fährstrecken mit 68,5 km Länge inbegriffen.

Schweden hat von Anfang an die britische Spurnorm (1435 mm) gewählt, obwohl einige private Gesellschaften die Schmalspur (891 mm) bevorzugten. Die Umladekosten von Schmalspur- auf Normalspurwagen waren zu jener Zeit gering. Es bestehen heute noch zwei Schmalspurbahnen mit Personenverkehr: Växjö–Västervik im Süden des Landes und die Roslagsbahn, welche nördliche Vororte Stockholms bedient.

Die Roslagsbahn ist auch eine der ältesten elektrifizierten Bahnen der Welt. Bereits 1895 wurden elektrische Triebwagen in Dienst gestellt. Später wurde diese Bahn von den SJ übernommen und 1972 «Stockholm Transport» angegliedert. Zwischen 1940 und 1950 wurden von den SJ weitere Privatbahnen aufgekauft. Heute existiert nur noch eine wichtige private Linie, die dem Eisenerz- und Stahltransport von Grängesberg nach Oxelösund, einem Ostseehafen, dient.

Das schwedische Eisenbahnnetz erstreckt sich heutzutage von der südlichen Spitze des Landes bei Trelleborg auf 55 Grad 22 Minuten bis zur Reichsgrenzstation im Norden auf 68 Grad 23 Minuten nördlicher Breite wie auch nach Westen und Osten in der ganzen Ausdehnung des Landes.

Fahrzeuge. Seltsamerweise begann die Geschichte der schwedischen Dampflokomotiven in England, nämlich beim berühmten Rainhill-Rennen von 1829 (das von Stephensons «Rocket» gewonnen wurde) und zwar mit einer Maschine, welche in Schweden nie Verwendung fand. John Ericsson, der Erfinder des Schraubenpropellers, nahm mit seiner eigenen in England erbauten Lokomotive am Rennen teil. Obwohl sie nicht siegte, fand sie doch viel Beifall und spornte die Schweden an, eigene Lokomotiven zu bauen. Die erste in Schweden erstellte Lokomotive wurde 1853 von Theofrom Munktell, Inhaber einer Ingenieurfirma in Eskilstuna, an die Norbergs Järnväg geliefert. Leider ist dieses Triebfahrzeug nicht erhalten.

Die Staatsbahnen (SJ) bevorzugten bei der Beschaffung von Lokomotiven ausländische Firmen. Die ersten sechs SJ-Triebfahrzeuge wurden von Beyer, Peacock & Co. in Manchester geliefert. Auch die ersten Schnellzugslokomotiven wurden bei diesem Hersteller bestellt und 1863 in Betrieb genommen. Obgleich ihre Höchstgeschwindigkeit 90 km/h betrug, durften sie laut Parlamentsbeschluß bis 1877 nicht schneller als 50 km/h fahren. Als die Erträge stiegen, begann man ernstlich an die Herstellung von Lokomotiven im Lande selbst zu denken, und bereits zu Anfang der sechziger Jahre des vorigen Jahrhunderts wurden den Staatsbahnen die ersten Lokomotiven aus einheimischen Werkstätten geliefert. Unter den Herstellern waren Nydqvist und Holm (heute bekannt als NOHAB). Ein anderer Fabrikant war AB Atlas, der heutzutage nicht mehr im Lokomotivbau tätig ist, sondern unter dem Namen Atlas-Copco Kompressoren und Maschinen für Gesteinsbohrungen herstellt.

In den 130 Jahren ihres Bestehens haben die schwedischen Eisenbahnen insgesamt 2175 Dampflokomotiven betrieben. Davon waren 233 schmalspurig. Die ersten Einheiten wurden in den zwanziger Jahren ausgemustert, als der Betrieb im großen Stil auf elektrische Traktion umgestellt wurde. Während des Zweiten Weltkriegs jedoch gab es einen Aufschub, weil damals die Nachfrage nach Eisenbahntransportkapazitäten sehr groß war. In jenen Jahren wurde Kohle durch Holz und Torf ersetzt, da Kohleimporte drastisch eingeschränkt wurden. Nach dem Krieg verzögerten auch die zahlreichen Übernahmen von dampfbetriebenen Privatbahnen den Ersatz der Dampftraktion. Ende der fünfziger Jahre aber waren die Tage der Dampflokomotiven endgültig gezählt. Die letzte wurde 1963 aus dem Verkehr gezogen. Einige blieben immerhin bis 1972 als Reserveloks einsatzbereit.

Elektrifikation. Sie ging bei den Schwedischen Staatsbahnen von Anfang an im großen Rahmen vonstatten. Nachdem im Gebiet um Stockholm von 1905 bis 1907 elektrische Lokomotiven getestet worden waren, wurde die Strecke von Kiruna, dem Zentrum der Eisenerzminen, bis zur norwegischen Grenze elektrifiziert und 1915 dem Betrieb übergeben.

Dies war das erste Mal, daß E-Loks auf einer längeren Strecke (129 km) unter schwierigen winterlichen Wetterbedingungen vor überschweren Zügen zum Einsatz kamen. Bis zum damaligen Zeitpunkt hatte man elektrische Triebfahrzeuge hauptsächlich vor Lokalzügen eingesetzt. Ein Hauptgrund für die frühzeitige Elektrifizierung einer so weit nördlich verlaufenden Bahnlinie war, daß sich dort leistungsfähige Wasserkraftwerke befanden. Man machte damit so gute Erfahrungen, daß schon bald die ganze Erzbahn von Narvik an der Nordsee bis Luleå an der Ostsee unter Fahrdraht gestellt wurde.

Die Elektrifizierung wurde auch in anderen Teilen des Landes zügig vorangetrieben. Im Jahr 1926 war die Verbindung von Stockholm nach Göteborg fertig elektrifiziert, 1930 sämtliche Hauptlinien im Süden und 1942 auch im Norden. So entstand Europas längste elektrisch betriebene Bahnstrecke, nämlich die 2200 Kilometer von Trelleborg im Süden bis Riksgränsen im Norden, an der norwegischen Grenze. Die Charakteristiken der Fahrdrahtspannung sind: Einphasenwechselstrom 16⅔ Hz, 15 000 V. Billige, reichlich vorhandene elektrische Energie machte sich während des Zweiten Weltkrieges äußerst bezahlt, denn der Betrieb mit Kohle wäre für die SJ von 1939–1945 doppelt so teuer gewesen wie mit Strom.

Als in den zwanziger und dreißiger Jahren die Elektrifikation in vollem Gange war, war die Standardlok Baureihe D (1975 PS, Achsfolge: 1' C 1'), ein in Schweden erbautes Triebfahrzeug, welches 1925 erstmals in Dienst gestellt wurde. In den späten dreißiger Jahren, als die höchstzulässige Geschwindigkeit auf den Linien Stockholm–Göteborg und Stockholm–Malmö von 100 auf 120 km/h heraufgesetzt wurde, benötigte man eine neue Lokomotive. Unter der Bezeichnung Reihe F (Leistung 3500 kW; Achsfolge: 1' D_0 1'; Höchstgeschwindigkeit 135 km/h) nahmen 24 dieser Maschinen ab 1942 ihren Dienst auf. Während der folgenden Jahre wurden weitere Lokomotivtypen entwickelt und eingesetzt, bis schließlich 1955 mit dem Lokomotivtyp Ra (R für Rapid) eine ganz neue Generation zum Zuge kam. Sie wog bloß 65 t, leistete 2640 kW und erreichte 150 km/h, obwohl auf dem SJ-Netz noch lange nur 130 km/h erlaubt waren. Erst seit Anfang 1986 können Intercity-Schnellzüge der Linie Stockholm–Göteborg auf dem 75 km langen Abschnitt zwischen Hallsberg und Töreboda mit 160 km/h verkehren.

Sodann wurde mit einer Rb-Serie experimentiert, die aus einem Entwicklungsprogramm hervorging, welches die SJ und ASEA, eine schwedische Elektrofirma, gemeinsam durchführten. Die ersten Rc-Lokomotiven nahmen 1967 ihren Dienst auf. Es waren die ersten thyristorgesteuerten elektrischen Lokomotiven der Welt, welche in großer Stückzahl gebaut wurden. Drei weitere Modelle (Rc 2–Rc 4) sind seither noch entstanden. Alle drei Modellreihen weisen 3600 kW Leistung auf, wiegen 76,8 oder 78,0 t und haben eine Höchstgeschwindigkeit von 135 km/h (die Reihe Rc 3 160 km/h). Eine fünfte Version, Rc 5, wurde ab 1982 ausgeliefert.

Schwedens erste Personenwagen wurden in Deutschland und England erbaut. Die Güterwagen waren während vieler Jahre verhältnismäßig klein; erst ab 1898 wurden sie so solid gebaut, daß die zulässige Achslast ausgenützt werden konnte.

Lokomotivtyp	Ra	Rb 1	Rb 2	Rb 3	Rc 1	Rc 2	Rc 3	Rc 4	Rc 5	Rm
Dienstgewicht (t)	65,0	74,4	73,6	75,2	80,0	76,8	76,8	78,0	78,0	92,0
Leistung (kW)	2640	3200	3300	3300	3300	3600	3600	3600	3600	3600
Zugkraft (Mp)	20,2	24,3	28,1	28,1	28,0	28,0	24,0	28,0	28,0	31,5
Höchst-geschw. (km/h)	150	120	120	120	135	135	160	135	135	100
Inverkehrssetzung	1955 –61	1962	1962	1962	1967 –68	1969 –75	1970 –71	1975 –81	1982 –	1977
Anzahl		10	2	2	2	19	97	10	130	45

Ein Entschluß aus dem Jahr 1919 war von so großer Bedeutung, daß er der parlamentarischen Zustimmung bedurfte: alle Züge sollten mit Druckluftbremsen ausgestattet werden. Vorher besaßen die Fahrzeuge Vakuum-Bremsen. Die Eisenerzzüge waren damals bereits mit Druckluftbremsen ausgerüstet, während die übrigen Güterzüge von Hand gebremst wurden. Man wählte das deutsche Kunze-Knorr-Druckluftbremssystem, während die Erzbahn weiterhin Rollmaterial aufwies, das mit dem Westinghouse-System versehen war.

Mit der Ausweitung des Schienenverkehrs ging auch ein Ausbau der angeschlossenen Dienste vonstatten: die ersten Speisewagen wurden 1894 auf einer privaten Linie eingeführt und 1897 auch von den SJ auf der Route Stockholm–Malmö eingesetzt. Im Jahre 1938 übernahmen die SJ die Eisenbahnrestaurants von einer privaten Unternehmung und machten sie zur Tochterfirma «Trafikrestauranger (TR)». Als in den sechziger Jahren die Leistungen der Bahn stark zurückgingen, organisierte TR die Selbstbedienung in großem Ausmaß in Cafeteria-Wagen. 1978 jedoch wurde, als der Schienenverkehr einen neuen Aufschwung erlebte, eine neue Ära eingeläutet, und seither wächst TR unaufhaltsam, stets darum bemüht, den Service zu verbessern, denn ein gutes Essen gehört zu einer gelungenen Bahnfahrt.

Im Sommer 1986 haben die Schwedischen Staatsbahnen beschlossen, 20 Hochgeschwindigkeitszüge in Auftrag zu geben. Sie hoffen damit, die Reisezeit zwischen Stockholm und Göteborg von über vier auf drei Stunden herabsetzen zu können.

Aus Kostengründen will man jedoch kein neues Trassee bauen, sondern mit neigbaren Wagenkästen auf der alten Strecke mit Geschwindigkeiten bis zu 200 km/h verkehren. Zu einem späteren Zeitpunkt beabsichtigen die SJ, weitere 32 Kompositionen zu bestellen, um damit auch andere Strecken befahren zu können. In Betrieb genommen werden die neuen Züge voraussichtlich im Jahre 1990. Dadurch erhofft man sich auf der Strecke Stockholm–Göteborg etwa 40 bis 50% Mehrverkehr. Um auch die Wünsche eines anspruchsvollen Publikums befriedigen zu können, wollen die SJ die Züge mit Kopfhörern und Anschlüssen für Mobiltelefone und Personalcomputer versehen.

Die für Kontinentaleuropäer interessanteste Strecke Schwedens ist die Erzbahn nach Kiruna und Narvik bzw. Haparanda, von wo man zum Nordkap weiterreisen kann. Wer mit dem Lapplandpfeil von Malmö nach Narvik fährt, dem werden die unzähligen abenteuerlustigen, jungen Rucksacktouristen auffallen, die, das Inter-Rail-Ticket in der Tasche, nach Norden unterwegs sind. So kommt auf dieser Reise zur Mitternachtssonne eine einmalige Stimmung im Zug auf; in den komfortablen Großraumwagen 2. Klasse herrscht fast während der ganzen Nacht Betrieb, und man kommt sich eher wie in Süditalien als wie in Nordschweden vor. Um sich die 16stündige Fahrzeit zu vertreiben, wird gesungen, diskutiert, gestikuliert, gegessen und getrunken.

Zum Abschluß noch ein paar statistische Angaben: die SJ beschäftigten Ende 1985 36918 Personen, wovon 13% Frauen. Die Länge des Streckennetzes betrug 11281 km. 7094 km (63%) davon waren elektrifiziert, 1173 km (10%) doppelspurig, 139 km schmalspurig. Auf dem SJ-Netz verkehrten 726 E-Loks, 533 Diesel-loks, 151 elektrische Triebzüge, 3 Dieseltriebzüge, 26 elektrische Triebwagen und 153 Diesel-Schienenbusse; ferner 147 Erstklasswagen (A), 740 Zweitklasswagen (B), 205 Erst- und Zweitklasswagen (AB), 176 Schlafwagen (WL), 94 Couchette-Wagen (BC), 67 Speisewagen (R, RB), 44 Spezialwagen (S) sowie 205 Post- und Gepäckwagen (DF, F); dazu 37748 Güterwagen verschiedener Typen.

Die Eisenbahnen Norwegens

Norwegens erste Eisenbahn. Zu Beginn des 19. Jahrhunderts glaubte kaum jemand, daß in einem so gebirgigen Land wie Norwegen jemals eine Eisenbahnlinie gebaut würde. Man nahm an, daß Kanäle die nationalen Transportprobleme lösen könnten. Kurz vor 1850 jedoch trat eine Wende ein. Der Grund dafür waren die riesigen Holzmengen, welche von den Sägereien in Lillestrøm zum Hafen von Christiania (1925 in Oslo umbenannt) gebracht werden mußten. 1848 wurde ein Eisenbahngesetz verabschiedet, und 1851 begann, nach langen Verhandlungen, der Bau der ersten, teilweise mit britischem Kapital finanzierten Eisenbahnlinie, deren Bau schon 1846 von Robert Stephenson empfohlen war. Die 67,8 km messende Strecke der Nordisk Hovedjernbane nach Eidsvoll am Mjøsa-See wurde 1854 eröffnet. Als Privatbahn gebaut, wurde sie bis 1926 auch als solche betrieben.

Die ersten Staatsbahnen. Die Eröffnung dieser Linie setzte der Skepsis ein Ende. Als die Züge regelmäßig zwischen dem Mjøsa-See und der Hauptstadt verkehrten, blühte der Handel im Hinterland auf, was wiederum Preissteigerungen zur Folge hatte, aber auch bessere Einkünfte für die Landwirte sowie eine Wertsteigerung von Grund und Boden mit sich brachte. Als die Norweger von den direkten und indirekten Vorteilen der Eisenbahn überzeugt waren, meldeten gleich drei verschiedene Regionen, nämlich Kongsvinger, Hamar und Trondheim, ihre Eisenbahnpläne an.

1857 bewilligte das Storting (Parlament) den Bau der Linien:

– von Lillestrøm nach Kongsvinger bis zur schwedischen Grenze (114,5 km);

– von Hamar (am Mjøsa-See) nach Elverum (38,1 km);

– von Trondheim nach Støren (49,2 km).

Die Linie nach Kongsvinger wurde als Seitenast der Hauptlinie zum Mjøsa-See mit einer Abzweigung in Lillestrøm geplant. Diese Nebenlinie wurde in der gleichen Spurweite wie die Hauptlinie (1435 mm) erstellt. Im Falle der anderen beiden Trassen jedoch wurde eine Entscheidung mit leider weitreichenden Folgen getroffen: sie in Schmalspur (1067 mm Spurweite) zu bauen. Man glaubte, Geld sparen zu müssen, weil man es damals nicht für möglich hielt, alle neuen Strecken normalspurig zu realisieren. Allerdings bereiteten diese Schmalspurlinien später große betriebliche Schwierigkeiten.

Die Bahnlinien von Lillestrøm nach Kongsvinger und von Hamar nach Elverum wurden 1862, die Strecke von Trondheim nach Støren 1864 eröffnet. 1865 schließlich wurde die Fortsetzung der Bahn von Kongsvinger über die schwedische Grenze bis Charlottenberg in Betrieb genommen.

Die große Expansion. Nach dem Bau der ersten drei Linien brach in Norwegen ein regelrechtes Eisenbahnfieber aus. Höherer Lebensstandard, Bildung und Kultur konnten einem größeren Teil der Bevölkerung zugänglich gemacht werden, die Bauern konnten ihre Erzeugnisse rascher auf den Markt bringen, und das Holz konnte schneller und zuverlässiger in die Städte und zu den Häfen verfrachtet werden.

Während dieser wirtschaftlichen Blüteperiode wurden etwa 1 bis 2,5 Millionen Kronen jährlich für den Bahnbau aufgewendet. Auf dem Höhepunkt dieser Entwicklung im Jahre 1877 waren nicht weniger als sechs Eisenbahnlinien gleichzeitig im Bau.

Zwischen 1851 und 1883 wurden in Norwegen 15 Bahnlinien mit einer Gesamtlänge von 1562 Kilometern erbaut, und die Kosten für dieses Werk betrugen 126 Millionen Kronen. Die erste nationale Hauptstrecke, die Røros-Linie, welche Oslo mit Trondheim verbindet (damals noch mit Spurwechsel in Hamar) wurde 1877 fertiggestellt.

Nach der Eröffnung der Røros-Linie war es möglich, den ganzen Weg von Oslo nach Trondheim auf der Schiene zurückzulegen – damals eine lange Reise, welche normalerweise eine Übernachtung in Koppang erforderte. Doch schon in den achtziger Jahren wurden die ersten, wenn auch sehr einfachen Schlafwagen eingesetzt.

Wenig später wurden zwei internationale Verbindungen nach Schweden, die Meraker- und die Østfold-Linie, dem Betrieb übergeben: im Jahre 1879 die Linie von Oslo über Halden zur schwedischen Grenze (169,1 km), teilweise doppelgleisig. Die Linie von Trondheim über Meraker zur schwedischen Grenze (102,3 km) wurde zunächst schmalspurig bewilligt, aber späteren Bestimmungen gemäß normalspurig gebaut und, als Anschluß an die normalspurige Bahn auf der schwedischen Seite, 1881 eröffnet.

Die schmalspurige Jaeren-Bahn von Stavanger nach Egersund nahm 1878 den Betrieb auf, und 1882 wurde die Østre-Linie von Skien nach Sarpsborg (79 km) eingeweiht.

Natürlich änderten die Eisenbahnen auch die Reisegewohnheiten. Am Ende des 19. Jahrhunderts nahm die Zahl der ausländischen Touristen zu, die Norwegen besuchten, und es mußten Übernachtungsmöglichkeiten geschaffen werden.

Es gab damals beträchtliche Komfortunterschiede zwischen der besten und billigsten Klasse; während die Reisenden in der ersten Klasse auf Plüschkissen saßen, mußten sich jene in der dritten Klasse mit einfachen Holzbänken begnügen. Nach und nach wurde jedoch der Reisekomfort, zunächst hinsichtlich Heizung und Beleuchtung, verbessert. Im Jahre 1891 wurde, um den Reisenden mit Informationen und Fahrkarten zu dienen, das sogenannte «Round Trip Office» am Ostbahnhof von Oslo eingerichtet.

Die wirtschaftliche Rezession, welche 1873 einsetzte und bis weit in die achtziger Jahre dauerte, schlug sich auch beim Eisenbahnbau nieder. 1874 beschloß das Storting, die Regierung zu ersuchen, einen allgemeinen Plan für den zukünftigen Bau von Eisenbahnen vorzulegen, was 1875 auch geschah.

Es wurde empfohlen, an der Schmalspur festzuhalten und auf Staatskosten vor allem Bahnen zu bauen, welche die Landesteile miteinander verbinden und das Eisenbahnnetz zu einem Ganzen machen sollten. Auch sollten größere Bahnstrecken unter gemeinsame Verwaltung gestellt und die privaten Aktien durch den Staat eingelöst werden. Zu diesem Zweck sollte ein Enteignungsgesetz für solche Titel erlassen werden. Aufgrund des neuen Verkehrskonzepts wurden folgende Strecken gebaut:

– Von Eidsvoll nach Hamar (58,6 km), zuerst für Schmalspur bewilligt, nach späterem Beschluß normalspurig gebaut, eröffnet 1880;

– von Drammen nach Skien mit Nebenlinie nach Horten (155,9 km), eröffnet 1882 (Spurweite 1067 mm); auf dem Abschnitt Skoppum–Horten werden seit dem 28. Mai 1967 nur noch Güter befördert.

– von Bergen nach Voss (106,7 km), eröffnet 1883 (Spurweite 1067 mm, später auf Normalspur umgebaut).

Nach der Ausführung dieser letzteren Bahn kam der Bau von Eisenbahnen, hauptsächlich wegen der wirtschaftlichen Krise, ins Stocken.

Es waren bis dahin 593 km normalspurige und 969 km schmalspurige Bahnen gebaut, im ganzen 1562 km. Zwischen 1875 und 1890 fand kein Eisenbahnprojekt mehr Zustimmung. Mehr denn je war man sich klar darüber, daß nur ein nationales Verkehrskonzept weiterhelfen konnte. Forderungen nach Erschließung durch die Bahn kamen aus allen Teilen des Landes. Im Jahre 1883 sollten Pläne für 33 Linien geprüft werden. Eine Studienkommission wurde eingesetzt. Aufgrund ihres Berichtes unterbreitete man 1889 dem Storting den Vorschlag, den Bau von Eisenbahnen unter der Voraussetzung wieder aufzunehmen, daß die von den Eisenbahnen erschlossenen Gebiete alle Ausgaben für den Grunderwerb auf sich nehmen und bar bezahlte Beiträge leisten sollten. Im März 1890 bewilligte das Storting – womit eine neue Bauperiode für sogenannte reine Staatsbahnen ihren Anfang nahm – folgende Strecken:

– Von Kongsvinger nach Flisen (49,2 km), eröffnet 1895 (Spurweite 1067 mm);

– von Hamar nach Otta (171,2 km), eröffnet 1896 (Spurweite 1435 mm);

– von Kristiansand nach Byglandsfjord (78,4 km), eröffnet 1896 (Spurweite 1067 mm). Der Abschnitt Grovane–Byglandsfjord wurde jedoch am 2. September 1962 stillgelegt. Durch Beschluß im Storting von 1894 wurden die folgenden Linien genehmigt:

– Von Oslo nach Gjøvik mit Nebenlinie (156,2 km), eröffnet 1902 (Spurweite 1435 mm);

– von Egersund nach Flekkefjord (72,8 km), eröffnet 1904 (Spurweite 1067 mm);

– von Hell nach Sunnan (105,2 km), eröffnet 1910 (Spurweite 1435 mm);

– von Flisen nach Elverum (44,4 km), eröffnet 1910 (Spurweite 1435 mm);

– von Arendal nach Åmli (58,1 km), eröffnet 1910 (Spurweite 1067 mm) und

– von Voss nach Taugevatn (1301 m. ü. M.), eröffnet 1908 (Spurweite 1435 mm). Der Entschluß, diese Strecke (heute 72,4 km, in deren Zuge sich der 5,311 km lange Gravahalstunnel befindet) zu einem verlassenen Ort in den Bergen zu bauen, war die Vorstufe zur späteren Verbindung mit dem bestehenden Eisenbahnnetz in Ostnorwegen.

Am 1. März 1894 nahm das Storting eine Resolution zum Bau einer Eisenbahnverbindung von Oslo nach Bergen an. 1895 ging man an die äußerst harte Planungsarbeit an dieser Hochgebirgsstrecke. Im Oktober desselben Jahres begannen die Ausbruchsarbeiten am Gravahals-Tunnel. Die Strecke von Taugevatn nach Hønefoss und Roa (255,2 km) wurde 1909 eröffnet, wodurch die Eisenbahnverbindung zwischen Oslo und Bergen komplett war (Spurweite 1435 mm), nachdem auch die bereits 1883 eröffnete schmalspurige Strecke Bergen–Voss auf Normalspur umgebaut worden war.

Von 1882 bis 1890 wurden 235 km Geleise verlegt und von 1890 bis zur Jahrhundertwende weitere 419 km. Die folgende Dekade, als 995 km gebaut wurden, war die aktivste Periode seit der Expansion in den siebziger Jahren des 19. Jahrhunderts. Zu Beginn unseres Jahrhunderts waren somit 2216 km Eisenbahnlinien in Norwegen fertiggestellt.

Die Ofotbahn von Narvik zur schwedischen Grenze (42 km) wurde 1902 eröffnet (Spurweite 1435 mm). Diese Bahn, zwischen dem 68. und 69. Breitengrad, besorgt die großen Eisenerztransporte von Kiruna in Nordschweden an die Nordsee. Als die 1894 beschlossenen Bahnen nahezu vollendet waren, bewilligte das Storting auch die Fortsetzung der Bahn durch das Gudbrandsdalen von Otta nach Dombås (46,1 km). Sie wurde 1913 eröffnet (Spurweite 1435 mm).

1908 stimmte das Storting dem Bau weiterer 550,4 km zu; unter anderem ging es um eine Verbindungsbahn über den Dovrefjell (1025 m. ü. M.) von Dombås nach Støren und den gleichzeitigen Umbau der schmalspurigen Bahn von Støren nach Trondheim auf Normalspur, um eine ununterbrochene normalspurige Eisenbahnverbindung zwischen dem südlichen und dem nördlichen Norwegen zu schaffen.

1910 gab es in Norwegen 896 km normalspurige und 219 km schmalspurige Staatsbahnen. Die gesamte Länge des damaligen Eisenbahnnetzes belief sich auf 2609 km (1672 km normalspurig und 937 km schmalspurig).

Die Anlagekosten aller norwegischen Bahnen betrugen bis Ende 1913 etwa 321 Millionen Kronen, jene der Staatsbahnen etwa 281 Millionen Kronen damaliger Währung.

Zwischen 1860 und 1870 machten die Holztransporte etwa 75 % des gesamten Güterverkehrs aus. In den Jahren unmittelbar nach der Jahrhundertwende gingen die Holztransporte jedoch zurück, wurden aber durch einen schnellen Zuwachs in der Beförderung von Holzbearbeitungserzeugnissen wettgemacht. Weil auch die Industrialisierung eingesetzt hatte, transportierten die Eisenbahnen immer mehr Rohmaterialien und Industriegüter.

Diese Entwicklung war eine Herausforderung. Damals wie heute war es nicht einfach, genügend Geldmittel für Folgeinvestitionen zu erhalten, und der Mangel an Lokomotiven und Wagen bereitete ernstzunehmende Probleme. Die Lage wurde noch dadurch erschwert, daß die Güter unterwegs von Schmalspur- auf Normalspurwagen umgeladen werden mußten.

Der Erste Weltkrieg. Obwohl Norwegen neutral blieb, hatten die Feindseligkeiten einen nachhaltigen Einfluß auf den Handel und die Industrie des Landes. Das Geschäft blühte, die Raten der Seefracht stiegen, und Import- und Exportgüter verteuerten sich massiv. Dies bis zum Herbst 1920. Dann setzte eine Depression ein: die Preise sanken, Arbeitslosigkeit griff um sich, ein Rückgang der Produktion und des verfügbaren Kapitals war die Folge.

Die Eisenbahnen bewältigten während der Kriegsjahre ein riesiges Verkehrsaufkommen. Mit dem Nachschub hingegen haperte es mehr und mehr. Es wurde schwierig, Kohle, Öl, Ersatzteile und andere wichtige Güter zu bekommen. Der Kohlemangel machte sich besonders bemerkbar, so daß viele Lokomotiven umgebaut werden mußten, damit man sie auch mit Holz befeuern konnte. In jenen Jahren prägten mächtige Brennholzstapel das Bild entlang der Bahnlinien.

Obwohl der Eisenbahnverkehr in den Kriegsjahren groß war, waren die finanziellen Resultate weniger ermutigend. Wegen der Inflation (die Preise verdreifachten sich von 1908 bis 1920) wurde die Spanne zwischen Einnahmen und Ausgaben immer größer. Das Finanzjahr 1917/18 brachte die Wende. Zum ersten Mal überstiegen die Ausgaben die Einkünfte.

Trotz der Schwierigkeiten wurden mehrere neue Projekte in Angriff genommen. Wenn man das staatliche norwegische Eisenbahnnetz im Jahre 1916 betrachtet, stellt man fest, daß es 1718 km Normalspur und 996 km Schmalspur umfaßte. Dazu waren infolge Verstaatlichung nur noch 222 km Normalspur und 241 km Schmalspur im Besitz von Privatbahnen. Die wichtigen Linien bewältigten mehr Schwerverkehr als früher, und im Laufe der Zeit führte der Mangel an Lokomotiven und Rollmaterial zu einer prekären Situation. Immer lauter wurden die Forderungen nach Modernisierung und Umbau der Schmalspurstrecken, nicht zu reden von den vielen Neubauplänen, welche auf Genehmigung warteten.

Das Auto als Konkurrent. Nach und nach wurde das Auto für die Bahn zum ernstzunehmenden Konkurrenten. Die Ergebnisse zeigten sich bald in der Eisenbahnverkehrsstatistik, welche 1929 den Tiefpunkt auswies. Norges Statsbaner (NSB) trafen Gegenmaßnahmen: die Reisezeiten mußten verkürzt und auch die Betriebskosten gesenkt werden. Es war während jener Zeit, als die unbemannten Haltestellen an den Bahnübergängen eingeführt wurden.

Die Lage veränderte sich nun wieder zu Gunsten der Eisenbahn, 1928 übernahm die NSB auch den Busbetrieb, der seither stark expandiert hat. Heute ist die NSB das größte Busunternehmen Norwegens.

Der Zweite Weltkrieg. Die Eisenbahnen waren vom ersten Kampftag an an vorderster Front: sie spielten bei der Verschiebung der norwegischen Truppen eine wichtige Rolle. Später nahmen die Bedürfnisse nach zivilen Transporten in die besetzten Gebiete zu, und auch der Druck der Besatzungsmacht wuchs.

Verglichen mit anderen besetzten Ländern waren in Norwegen verhältnismäßig wenig Kampfhandlungen zu verzeichnen, also auch wenig direkte Schäden an den Bahnanlagen und am Rollmaterial.

Die deutsche Besatzungsmacht nutzte die norwegischen Eisenbahnen trotz Mangel an Kohle, Öl und Ersatzteilen erbarmungslos aus. Die Anzahl Passagierkilometer erhöhte sich von 740 Millionen im Jahre 1939 auf 2600 Millionen in den Jahren 1944/45. Zum Vergleich betrug die Anzahl Passagierkilometer 1978 ungefähr 2060 Millionen.

Wie zu erwarten war, wirkte sich diese Strapazierung auf die Betriebssicherheit aus. Katastrophen waren die Folge, die sich in Friedenszeiten nie ereignet hätten. Das wohl schlimmste Unglück passierte in Breifoss zwischen Geilo und Hol am 28. Februar 1944, als ein westwärts fahrender Nachtzug mit einem in östlicher Richtung fahrenden Güterzug zusammenstieß, der aus Tankwagen bestand, die mit Öl und Benzin beladen waren. 25 Zivilisten und eine unbekannte Anzahl deutscher Soldaten wurden getötet. Eine weitere Katastrophe in Filipstad, im Hafen von Oslo, am 19. Dezember 1943, als ein Munitionsschiff in die Luft flog, zerstörte Depots und Werkstattgebäude und beschädigte 115 Wagen.

Der Wiederaufbau. 1945 hinterließen die Besetzer der NSB abgewirtschaftete Einrichtungen, veraltetes Rollmaterial, kleine Kohlevorräte und Personal, das während der Kriegsjahre unter härtestem Druck hatte durchhalten müssen. Die Nachfrage nach Leistungen der Bahn war aber, wegen des einsetzenden Wiederaufbaus, nicht geringer: etwa dreimal so hoch wie vor dem Krieg!

Die Deutschen hatten außerdem das Äußerste getan, um die Nordlandbahn so weit wie möglich voranzutreiben. Aber die Qualität des Baus (zwischen 15 000 und 17 000 Kriegsgefangene wurden zur Zwangsarbeit eingesetzt) war so schlecht, daß große Teilstücke der einzigen fertiggestellten Strecke von Trondheim nordwärts neu gebaut werden mußten. Auf der positiven Seite sind die Lokomotiven und das Rollmaterial zu erwähnen, welche sie zurückließen. Die 71 Kriegslokomotiven der Baureihe 52 (Achsfolge 1' E) waren eine willkommene Ergänzung des abgewirtschafteten Lokomotivparks. Es waren große Dampflokomotiven aus einer Serie von etwa 6500 Einheiten, welche in den Jahren 1942–45 für den Einsatz an der Ostfront erbaut worden waren.

Das damalige Hauptproblem der norwegischen Staatsbahnen veranschaulicht die Tatsache, daß bis 1955 mehr veraltete Lokomotiven eingesetzt werden mußten als vor dem Krieg. Die NSB hätten damals 400 Millionen Kronen benötigt, um das Rollmaterial und die Einrichtungen zu erneuern und das, ohne neue Bedürfnisse befriedigen zu können.

Weg vom Dampfbetrieb. Die erste elektrifizierte Staatsbahnstrecke Norwegens war die Linie Oslo–Drammen im Jahre 1922 (Einphasenwechselstrom 15 000 V, 16⅔ Hz). Die weitere Entwicklung der Elektrifikation widerspiegelt die wirtschaftliche Entwicklung des Landes, denn in den dreißiger Jahren kam beides zum Stillstand. Erst ein neuer Elektrifikationsplan, der 1952 vom Parlament gutgeheißen wurde, brachte wieder Schwung in die Angelegenheit. Er umfaßte folgende Strecken: die Vestfold- und die Østfold-Linie, die Strecke nach Gjøvik mit dem Seitenast nach Hønefoss, die Bergenbahn und die Dovrebahn. Dieser Plan wurde 1970 mit der Elektrifikation der Dovrebahn vollendet. Obwohl das Parlament 1952 den Elektrifikationsplan angenommen hatte, war es klar, daß die NSB noch lange Jahre nicht auf Dampflokomotiven würden verzichten können, auch wenn die Elektrifikation wegen des schlechten Wirkungsgrades der Dampflokomotiven beträchtliche Einsparungen gebracht hätte.

Mehrere Länder, insbesondere die USA, hatten sich für dieselelektrische Lokomotiven entschieden. 1954 wurde den NSB ein solches Triebfahrzeug zur Probe überlassen, und man beschloß, solche Maschinen anzuschaffen, um sie auf jenen Strecken einzusetzen, die nicht elektrifiziert werden sollten. Mitte der sechziger Jahre sah man keine Dampflokomotiven mehr auf den Hauptlinien. 1970 wurden sogar alle regelmäßigen Einsätze von Dampflokomotiven eingestellt, und 1971 wurde die letzte ausrangiert. Eine 117jährige Ära der norwegischen Bahnen fand damit ihr Ende.

Heutzutage stehen von total 4241 km des NSB-Netzes 2440 km unter Fahrdraht, und knapp 85 % des Verkehrs wird mit elektrischer Traktion abgewickelt.

Auf dem NSB-Netz verkehren gegenwärtig folgende Lokomotivtypen:

Elektrische Lokomotiven:

Lokomotivtyp	El.9	El.10	El.11	El.13	El.14	El.15	El.16	El.17
Achsfolge	B0'B0'	C'	B0'B0'	B0'B0'	B0'B0'	C'C'	B0'B0'	B0'B0'
Baujahr	1944	1931 –52	1951 –64	1957 –66	1968 –73	1967	1977 –80	1981 –82
Anzahl	3[1]	17[2]	41	37	31	6[3]	10[4]	6[5]

Diesellokomotiven:

Lokomotivtyp	Di.2	Di.3a	Di.3b	Di.4
Achsfolge	C	C'C'	A1A-A1A	C'C'
Baujahr	1954 –73	1954 –69	1958 –59	1980
Anzahl	53[6]	32[7]	3[8]	5

[1] 3 Einheiten im Dienst auf der Flåm-Bahn.
[2] 17 Einheiten im Rangierdienst.
[3] 6 Einheiten für die Eisenerzzüge auf der Ofotbahn.
[4] 10 thyristorgesteuerte Einheiten.
[5] 6 Drehstrom-Einheiten.
[6] 53 Einheiten im Rangierdienst.
[7] 32 Einheiten in General Motors-Lizenz hergestellt.
[8] 3 Einheiten in General Motors-Lizenz hergestellt.

Zu diesen Triebfahrzeugen kommen noch mehrere Dutzend Leichttraktoren, Schneepflüge sowie Diesel- und Elektrotriebwagen.

Neue Projekte: Der umfassendste Plan zur Eisenbahnentwicklung, der jemals in Norwegen vorgelegt wurde, war der nationale Plan von 1923. In seiner ursprünglichen Form war es ein gigantisches Vorhaben, welches mehr als 1,3 Milliarden Kronen gekostet hätte, mehr als doppelt soviel, als bis zum damaligen Zeitpunkt für den Bahnbau in Norwegen ausgegeben worden war. Die Idee, welche dahinter steckte, war, ein zusammenhängendes Bahnnetz zu verwirklichen, das die Interessen des ganzen Landes miteinander verbinden würde. Neben der Verlängerung der Sørlandbahn bis Stavanger schlug der Plan den Bau einer Eisenbahnlinie von Grong bis Vadsø im äußersten Norden des Landes vor.

Man hat von diesem Plan gesagt, er sei die Folge des ungestümen Aufschwungs der Kriegsjahre. Das waren harte Worte für einen Plan, der als Langzeit-Arbeitsbeschaffungsprogramm gedacht war. Dennoch stimmte das Storting am 17. November 1923 diesem – allerdings erheblich reduzierten – Plan zu. Die wichtigsten Punkte darin waren, die Sørland-Linie bis Stavanger fertigzustellen und die Nordlandbahn bis Fauske voranzutreiben und von dort einen Seitenast nach Bodø zu erstellen.

Die Rezession der dreißiger Jahre und der Zweite Weltkrieg verzögerten jedoch den Eisenbahnbau. Die Sørlandbahn wurde erst 1944 bis Stavanger in Betrieb genommen, und die Nordlandbahn wurde sogar erst am 7. Juni 1962 bis Bodø eingeweiht.

Außer dem Bau neuer Strecken wurden in den Nachkriegsjahren verschiedene andere wichtige Eisenbahnpläne verwirklicht: so wurde 1973 der längste Eisenbahntunnel Nordeuropas, der 10,7 km lange Lier-Tunnel auf der Linie Oslo–Drammen eröffnet. Dank diesem Bauwerk wurde die Distanz von Oslo nach Drammen um gute 12 km verkürzt.

Auch auf der Linie Oslo–Bergen wurde ein großer Tunnel fertiggestellt: der Ulriken-Tunnel (7,66 km lang), der die Strecke um 21 km verkürzte; seit 1964 in Betrieb.

Aber das größte Unternehmen der siebziger und achtziger Jahre ist der Um- und Ausbau des Hauptbahnhofs von Oslo: ein Unternehmen, welches in mehrere Projekte unterteilt ist: ein neuer Personenbahnhof, der doppelspurige Tunnel unter dem Stadtzentrum sowie der zentrale Rangierbahnhof Alnabru.

Man kann wohl ohne Übertreibung sagen, daß die am 1. Juni 1980 erfolgte Eröffnung des 3,5 km langen Tunnels unter dem Stadtzentrum von Oslo den Beginn eines neuen Zeitalters für die NSB bedeutete. Dieses Bauwerk, das nicht nur dem Lokalverkehr dient, löst auch ein Problem, unter welchem die NSB lange gelitten hatten: nämlich eine leistungsfähige Verbindung zwischen dem östlichen und dem westlichen Teil des norwegischen Eisenbahnnetzes zu schaffen. Der Tunnel und der Neubau des Hauptbahnhofes sind untrennbar miteinander verbunden.

Mit diesem für norwegische Verhältnisse gigantischen Projekt wird ein alter Traum in Erfüllung gehen: ein

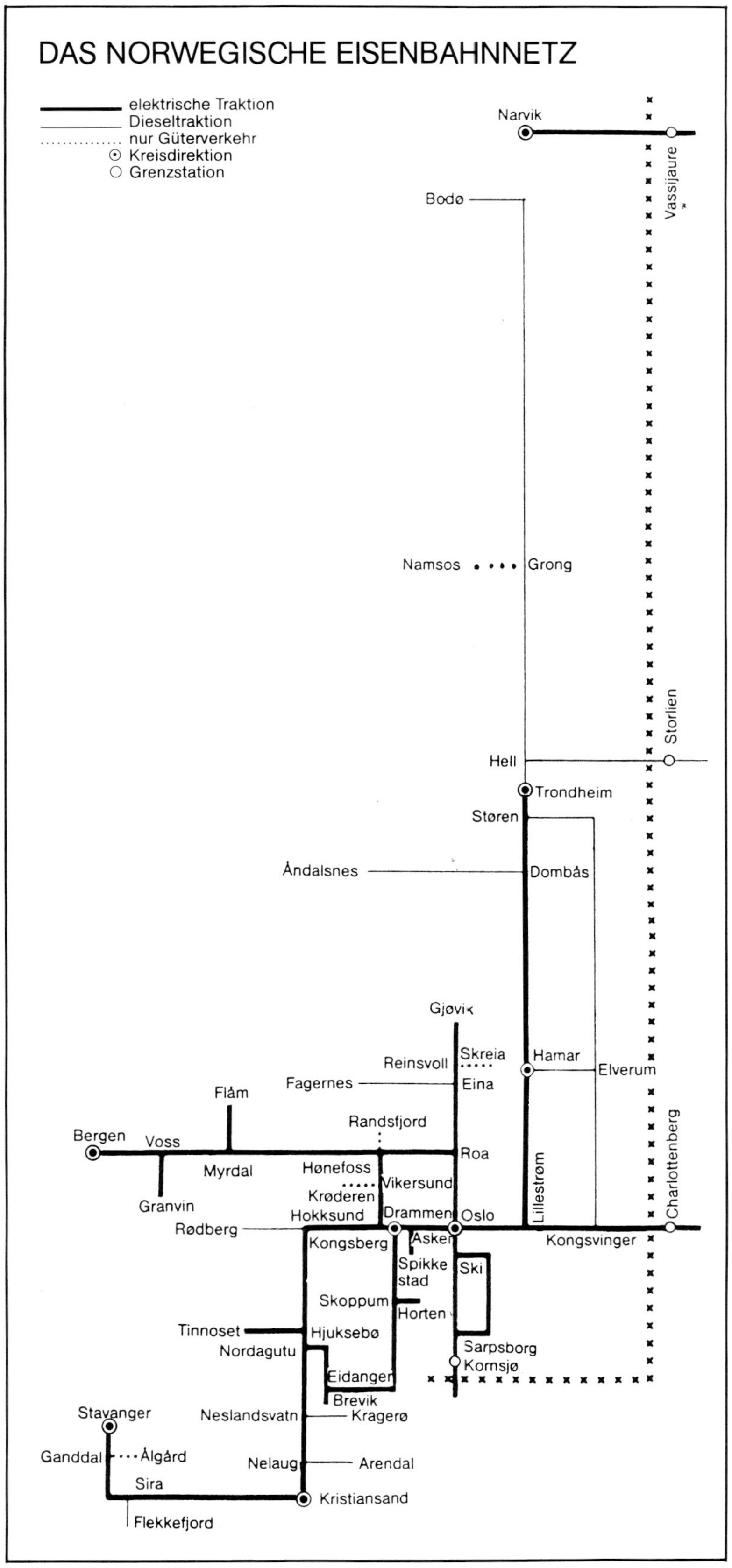

Obenstehender Streckenplan sowie sämtliche Streckenprofile auf den Seiten 198–200 wurden mit freundlicher Erlaubnis der Norwegischen Staatsbahnen reproduziert.

Hauptbahnhof anstelle von bisher zwei. Damit werden sowohl für den Nah- wie für den Fernverkehr völlig neue Voraussetzungen geschaffen.

Im Stadttunnel befinden sich zwei Stationen, durch welche gewisse Stadtteile besser bedient und die Umsteigeverhältnisse zu Bus und Straßenbahn verbessert werden können. Man geht also mit einer Zeit, in welcher der öffentliche Verkehr immer mehr an Bedeutung gewinnt.

Die norwegischen Staatsbahnen kämpfen in etwa mit den gleichen Problemen wie die Alpenbahnen: mit kurvenreichen Strecken und großen Höhenunterschieden, welche keine hohen Geschwindigkeiten zulassen. Hinzu kommt, daß die Entfernungen in Norwegen riesig sind und daß deswegen viele Leute das Flugzeug als Transportmittel vorziehen. Doch die NSB vermarkten ihre Vorteile sehr geschickt. Den Erstklasspassagieren bieten sie zum Beispiel bei Antritt jeder Reise einen Imbiß (Sandwich und Kaffee) an. Auch der Service durch das Zugpersonal und die Hostessen ist äußerst freundlich. In Faltprospekten über ihre Hauptlinien bringen die NSB den ausländischen Reisenden die Sehenswürdigkeiten der Natur näher. Und schließlich versuchen sie auf technischem Gebiet alles Erdenkliche zu verwirklichen, um die Reisezeiten zu verkürzen: starke Lokomotiven mit guter Beschleunigung, klimatisierte Reisezugwagen mit neigbaren Wagenkästen, um die Geschwindigkeit in den Kurven erhöhen zu können.

Die Hauptlinien der NSB

PROFIL DER SØRLANDSBAHN

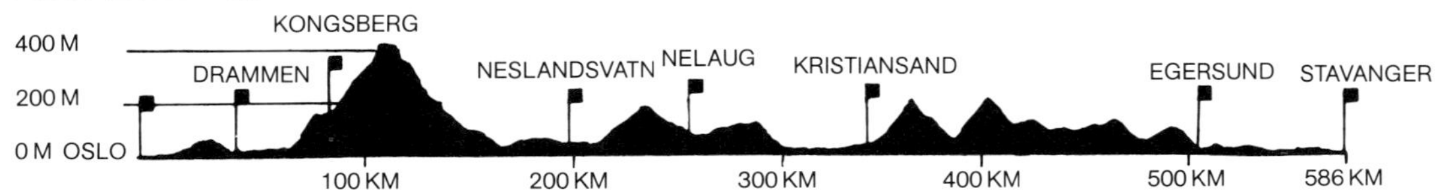

Sørlandsbahn: Dies ist die südlichste Bahnlinie Norwegens, welche Oslo mit Kristiansand und Stavanger über eine Entfernung von 587 km verbindet. Den höchsten Punkt erreicht die Bahn bei Meheia auf 400 m. ü. M. Die Strecke wird von zwei Schnellzugs- und zwei Expreßzugspaaren, welche von einer Endstation zu andern verkehren, befahren (kürzeste Reisezeit 8 Stunden 10 Minuten). Außerdem gibt es einen Schnellzug und zwei Expreßzüge nur bis Kristiansand. An beiden Enden der Strecke verkehren Züge in dichter Folge von Oslo via Drammen (Vorortsverkehr) und weiter bis Kongsberg sowie von Stavanger nach Egersund.

PROFIL DER BERGENBAHN

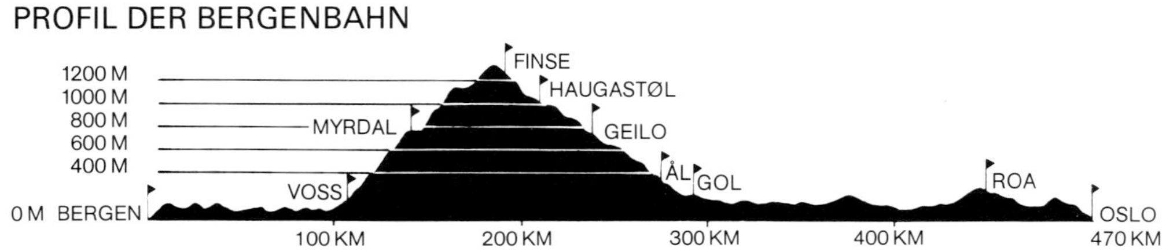

Bergenbahn: Diese 470 km lange Bahnlinie verbindet Oslo mit Bergen, indem sie gewissermaßen über das Dach Norwegens führt, d. h. sie berührt den höchstgelegenen Punkt, den man in Norwegen mit der Bahn erreichen kann: Taugevatn (1301 m. ü. M.). Die Strecke führt durch etwa 200 Tunnel – der längste von ihnen, der Ulriken-Tunnel (7660 m) – und durch Schneeschutzgalerien, die zusammengezählt eine Streckenlänge von etwa 28 km schützen. Diese Linie wurde am 1. Dezember 1909 auf ihrer ganzen Länge dem Verkehr übergeben und 1964 elektrifiziert. Der schnellste Zug braucht für die Fahrt von Oslo nach Bergen heutzutage sieben Stunden. Die Strecke wird von zwei Tagesschnellzügen und einem Nachtzug mit Schlafwagen in jeder Richtung befahren. Im Sommer verkehrt noch ein zusätzliches Schnellzugspaar, um den Touristenstrom zu bewältigen. An beiden Enden der Linie werden die Abschnitte Oslo–Roa–Hønefoss und Bergen–Voss–Myrdal durch Lokalzüge bedient.

Flåmbahn: Hier handelt es sich wohl um die berühmteste Strecke der NSB. Sie ist elektrifiziert und führt von Myrdal (867 m. ü. M.) über nur 20 km durch ein enges, malerisches Tal hinunter nach Flåm an den Aurlandsfjord. Das größte Gefälle dieser reinen Adhäsionsbahn beträgt 55 Promille. Auf seiner 45minütigen Reise durchfährt der Zug zwanzig Tunnel mit einer Gesamtlänge von 6 km, der längste davon, der Nali-Tunnel, mißt 1350 m. Um die 300 m Höhendifferenz des Myrdalsberget, gleich nach dem Bahnhof Myrdal, zu bewältigen, beschreibt die Bahnlinie von oben gesehen eine Acht, indem sie Wendetunnel durchfährt. Deshalb kann man die Bahn auf einer Horizontaldistanz von einem Kilometer auf fünf übereinanderliegenden Ebenen verfolgen. An Werktagen verkehren sieben und an Sonntagen sechs Lokalzugspaare auf dieser Strecke.

PROFIL DER DOVREBAHN

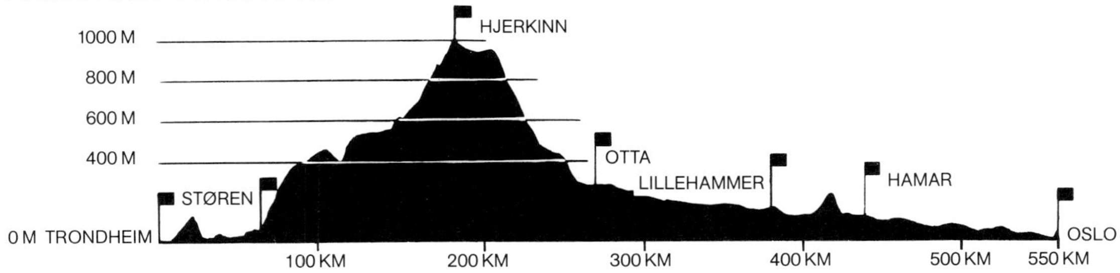

Dovrebahn: Diese 550 km lange Linie verbindet Oslo mit Trondheim. Ihr höchster Punkt liegt auf 1026 m. ü. M. bei Hjerkinn am Dovrefjell. Dank den Lokomotiven der Reihe El.17 und neuem Wagenmaterial mit neigbaren Kasten konnte die Fahrzeit des schnellsten Zuges auf sechseinhalb Stunden verkürzt werden. Zwischen Oslo und Trondheim verkehren werktags zwei Schnellzüge «Dovreekspressen» und «Dovresprinten» in jeder Richtung. Ein drittes Schnellzugspaar verkehrt an Sonn- und Feiertagen. Außerdem gibt es einen Nachtzug mit Schlafwagen 1. Klasse. Einzelne Züge verkehren auf Teilstrecken: ein Zug zwischen Oslo und Dombås, ein Zug zwischen Oslo und Otta, mehrere Züge zwischen Oslo und Lillehammer. Lokalzüge bedienen die Endabschnitte der Linie: nämlich Oslo–Lillestrøm und Trondheim–Støren.

Raumabahn: Von Dombås (659 m. ü. M.) an der Dovrebahn führt diese 1924 eröffnete Stichbahn hinunter zum Fischereihafen Åndalsnes am Romsdalsfjord. Ihre Länge beträgt 114 km. Auf dieser nicht elektrifizierten Linie verkehren werktags ein Schnellzug (Fahrzeit 1 Stunde 30 Minuten) und täglich zwei Lokalzüge (Fahrzeit zwei Stunden).

PROFIL DER RØROSBAHN

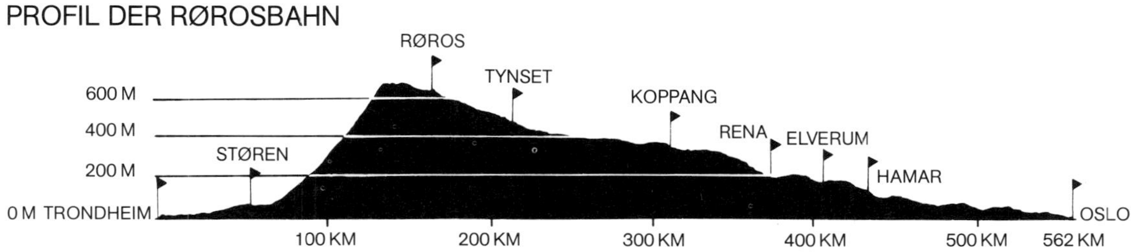

Rørosbahn: Diese Linie, die seit 1877 in Betrieb steht, verbindet ebenfalls Oslo mit Trondheim, aber auf einer weiter östlich gelegenen, 561 km langen Trasse. Zunächst wird bis Hamar (127 m. ü. M.) mit der Dovrebahn die gleiche Trasse benützt; hier beginnt eine etwa 300 km lange Steigung, welche nach Røros und Harborg (670 m. ü. M.) führt. Von dort führt die Strecke hinunter nach Støren, wo sie, 41 km von Trondheim entfernt, wieder auf die Gleise der Dovrebahn trifft. Diese Verbindung wird nicht elektrisch betrieben. Auf ihr verkehren Diesellokomotiven des Typs Di.3 NOHAB (in General Motors Lizenz erbaut) sowie Dieseltriebwagen vom Typ BM.86. Die Stationen an dieser Strecke werden von einem durchgehenden Zug pro Tag in jeder Richtung bedient. Zusätzlich gibt es im Sommer einen Nachtzug mit Schlafwagen. Ferner fahren zwei Lokalzüge täglich auf den Abschnitten Hamar–Røros, einer auf der Teilstrecke Hamar–Koppang und mehrere zwischen Hamar und Elverum. Der schnellste Zug legt die Strecke Oslo–Trondheim via Røros in 8 Stunden 38 Minuten zurück.

PROFIL DER NORDLANDBAHN

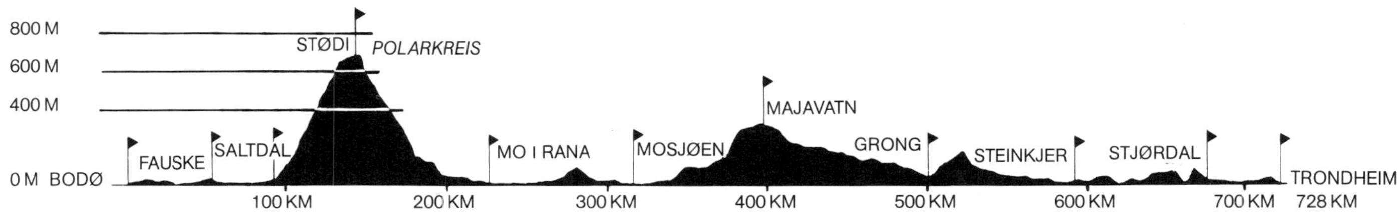

Nordlandbahn: Die Linie verbindet Trondheim mit Bodø über eine Distanz von 730 km und ist eine der wenigen Strecken auf der Welt, die über den nördlichen Polarkreis hinausführen. Sie ist etappenweise gebaut worden und erst seit 1962 bis zur Endstation Bodø eröffnet. Sie ist nicht elektrifiziert und erreicht den höchsten Punkt zwischen Bolna und Lønsdal auf 680 m. ü. M.; diese Höhe scheint nicht überwältigend zu sein, doch in den Alpen müßte man auf etwa 2000 m. ü. M. steigen, um eine ähnliche Landschaft und Vegetation vorzufinden. Diese Linie wird von zwei Schnellzugspaaren (wovon ein Nachtzug mit Schlafwagen) befahren. Ein dritter Schnellzug verkehrt nur während der Sommermonate. Von einem Endpunkt zum andern beträgt die Reisezeit 11 Stunden 45 Minuten. Lokalzüge bedienen vor allem die Teilstrecken Trondheim–Stjørdal, einige davon fahren bis Steinkjer. Ein Zug fährt bis Grong, einer von Mosjøen nach Mo i Rana und ein weiterer von Mo i Rana nach Majavatn.

PROFIL DER OFOTBAHN ODER SCHWEDISCH-NORWEGISCHEN ERZBAHN

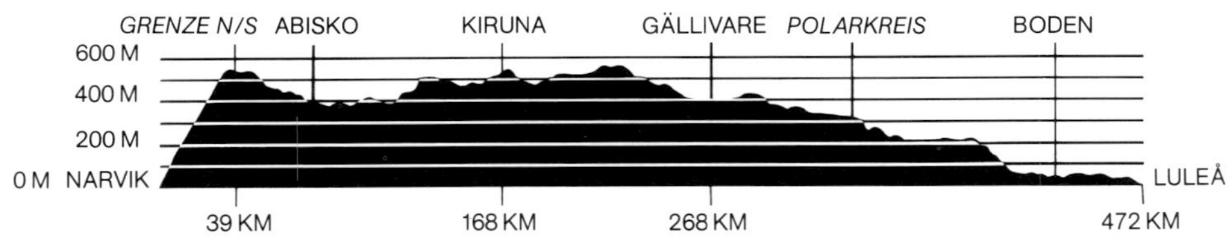

Ofotbahn: So heißt der norwegische Streckenabschnitt der «Erzbahn», welche die schwedischen Erzminen bei Kiruna mit dem Hafen von Narvik verbindet. Die auf der 42 km langen Linie jährlich beförderte Tonnage variiert je nach der Lage der internationalen Konjunktur. Im Jahre 1956 wurde die höchste bisher beförderte Menge erreicht, nämlich 16 700 000 Tonnen Eisenerz. Die jährlich beförderten Güter übertreffen die auf dem ganzen übrigen NSB-Netz beförderte Menge um ein Vielfaches! Auf dieser Strecke verkehrt sowohl Rollmaterial von NSB wie von SJ.

Die Eisenerzzüge werden entweder von norwegischen El.15 oder schwedischen Dm.3 (Achsfolge: 1' D+D+D 1'-Drillingslokomotiven) gezogen. Den internationalen Schnellzügen sind schwedische Rc 4-Lokomotiven vorgespannt, während die bis zur schwedischen Grenze verkehrenden Lokalzüge aus elektrischen Triebwagen der NSB bestehen. Vom Bahnhof Narvik bis zum Hafen werden die Eisenerzzüge von starken Diesellokomotiven der Bergbaugesellschaft Luossavaara Kirunavaara Aktiebolag (L. K. A. B.) übernommen, so daß man im Bahnhof Narvik Lokomotiven von drei verschiedenen Verwaltungen nebeneinander sehen kann.

Der höchste Punkt dieser Linie befindet sich beim Bahnhof Bjørnfjell (514 m. ü. M.), dem letzten norwegischen Bahnhof vor der schwedischen Grenze. Auf diesem Streckenteil verkehren bis zu 32 Erzzüge pro Tag, dazu sechs Lokalzüge Narvik–Bjørnfjell, ein Lokalzug Narvik–Kiruna, sowie zwei Schnellzüge Narvik–Stockholm.

Privatbahnen. Außerhalb des NSB-Netzes findet man in Norwegen nur wenige Privatbahnen. Nördlich des Polarkreises, nahe der sowjetischen Grenze, gibt es die Linie Kirkenes–Bjørnevat, welche ausschließlich dem Güterverkehr dient.

Die 16 km lange, normalspurige und elektrifizierte Strecke Mael–Rjukan, die sogenannte Rjukanbanen (Rj.B.), befördert seit dem 31. Mai 1970 nur noch Güter in Verbindung mit der Fähre von Tinnoset.

Was die nostalgischen Museumsbahnen betrifft, steht Norwegen übrigen Ländern nicht nach, denn es werden drei Strecken betrieben:

Urskog–Hølandesbana: Auf einer seit dem 1. Juli 1960 stillgelegten schmalspurigen (Spurweite 750 mm), etwa 40 km langen Linie verkehrt seit 1961 ein Dampfzug auf einer Trasse von 3,5 km Länge bei Sorumssand.

Foreningen Setesdalbanen: Diese Schmalspurlinie (Spurweite 1067 mm) bei Kristiansand wird heute als Touristenbahn über eine Distanz von 4,5 km zwischen Beiholen und Grovane betrieben.

Krøderbanen: Auf dieser normalspurigen, 30 km langen NSB-Linie von Krøderen nach Vikersund, auf welcher am 19. Januar 1958 der Passagierverkehr eingestellt und die seit dem 1. Januar 1979 gänzlich stillgelegt ist, läßt der Norsk Jernbaneklubb seit 1969 Dampfzüge verkehren.

Ausklang

Wer in Skandinavien mit der Bahn reist, wird zunächst die Zuverlässigkeit, Pünktlichkeit und Sauberkeit des öffentlichen Verkehrsmittels schätzen. Wenn es auch für die Einheimischen nicht gerade billig ist, so unternehmen die drei Verwaltungen doch große Anstrengungen, ihre Institutionen so attraktiv wie möglich zu machen; allerdings jede auf ihre Weise. – Alles in allem habe ich das Reisen in Skandinavien als sehr angenehm und abwechslungsreich empfunden. Wer Skandinavien per Bahn kennenlernen möchte, dem empfehle ich das Nordtourist-Ticket, gewissermaßen ein Generalabonnement für ganz Skandinavien, das für Reisen in der 2. Klasse ca. 400.– SFr., in der 1. Klasse etwa 540.– SFr. (Preisstand 1986) kostet. Eingeschlossen sind die Eintritte in die Eisenbahnmuseen von Gävle, Hamar, Hyvinkää und Odense. Außerdem wird den Inhabern des Nordtourist-Tickets auf mehreren Fährstrecken ein Rabatt von 50 % gewährt.